KB094526

다시는
상처받지 않게

나를
바꾸는
트라우마
치유북

# 다시는
# 상처받지 않게

김선현 지음

여름의서재

# 당신은 지금, 여기서
# 행복할 자격이 있습니다

"삶은 지금이다.

지금이 아닌 삶이란 결코 존재한 적이 없으며,

앞으로도 결코 존재할 수 없다.

지금만이 유일하게 존재한다.

지금만이 존재하는 모든 것이다."

– 에크하르트 톨레

행복하기 위해서는 내일이 아닌 바로 지금, 이 순간을 살아가야 합니다. 하지만 많은 이들이 과거에 얽매여 지금을 놓치고 살아갑니다. 봄볕, 바람, 사랑하는 이와 함께하는 행복을 놓쳐버리고 맙니다.

현재 우리나라 국민들의 정신 건강과 더불어 사회적인 트라우마는 심각한 수준에 이르렀습니다. 아동 학대, 청소년 자살, 노인 자살, 청년 실업으로 인한 무기력과 우울까지, 한 개인의 문제가 아니라 사회 전반적인 문제로 확산됐습니다.

어느덧 트라우마라는 용어가 보편적으로 쓰이고 있습니다. 몇 년 전만 해도 트라우마는 남들에게 드러내지 못하고, 홀로 평생 지녀야 하는 마음의 짐이었습니다. 간혹 트라우마를 이겨내지 못하고 극단적인 선택을 하는 이들은 정신적으로 약한 사람이라 인식되곤 했습니다. 이런 문제를 겪는 사람은 한두 명이 아닙니다. 대형 사고, 자연재해, 그 밖의 사회적인 현상들로 인한 트라우마 경험자가 계속 늘어나고 있습니다.

얼마 전 이태원에서 벌어진 1029 참사로 많은 이들이 트라우마를 겪었다고 말합니다. 저 역시 이 시대를 살아가는 어른으로서 무어라 말할 수 없는 참담함을 느꼈습니다.

트라우마란 한마디로 마음에 생긴 상처를 말합니다. 상처에 등급을 매길 수는 없겠지만, 상처의 깊이와 크기가 점점 커지고 있습니다. 혼자 일어서고 감당하기에는 너무나도 큽니다. 게다가 우리 사회의 문화는 누군가의 상처를 공감하고 어루만지는 것에 익숙하지 않으며, 표현한다는 것 또한 익숙하지 않습니다.

누구나 트라우마가 있습니다. 그런데 트라우마를 잘 극복해서 성장하는 사람이 있는가 하면, 극복하지 못하고 일상생활조차 힘든 사람도 있습니다. 물론 나의 상처를 바라보는 일은 너무나 아프고 때로는 잔인하기까지 합니다. 고통스러웠던 당시를 떠올려야 하니까요. 상처를 다시 한번 받는 것처럼 아프다고 말씀하시는 분도 계십니다.

그러나 트라우마가 해결되지 않으면 유사한 일을 경험할 때마다 이전의 사건으로 인한 고통이 재현되면서 더 힘들어집니다. 트라우마 기억은 오랜 시간이 흘러도 절대 사라지지 않습니다. 그 기억을 떠올리면 당시의 일을 다시 체험하게 되므로 과거와 같은 크기의 고통을 느낍니다. 내 탓이라는 생각의 감옥에 갇혀 스스로를 더 괴롭히는 이들도 있습니다. 트라우마가 결코 나의 잘못이 아닌데도 말이죠.

많은 이들이 트라우마 치료에 대한 편견을 갖고 있습니다. 트라우마를 치료한다는 것은 단순히 그 상처를 고친다는 것만을 의미하진 않습니다. 과거의 기억은 바꿀 수 없습니다. 그러하기에 회복이란 과거의 트라우마에 영향을 받는 현재를 스스로 바꾸는 것을 말합니다.

미국 국립 트라우마센터 센터장인 폴라 슈너 박사는 트라우마를 경험한 사람들의 감정은 표현되어야 하며, 그것이 그들로 하여금 훨씬 건강한 사람이 될 수 있도록 돕는 방법이라고 했습니다. 또한 국가적 트라우마는 기록하고 연구해야 한다고 말했습니다. 시간이 흐를수록 우리의 기억은 희석될 것이기 때문입니다. 이런 과정을 통해 사회도, 개인도 트라우마에 대한 대처 능력이 생기고, 제2의 피해를 예방할 수 있다고 했습니다.

슬픈 일에 슬퍼하는 것, 나의 감정을 자연스럽게 표현하는 것, 불안이나 부정적인 감정들을 해소하는 것은 건강한 삶을 위해 중요합니다. 저는 오랜 기간 여러 가지 국내외적인 사건 사고 트라우마 현장과 개인적인 환자에게 임상미술치료를 적용해왔습니다. 그림의 질적 수준은 중요하지 않습니다. 선 몇 개만 그리고 우시는 분도 있습니다.

마음을 표현할 수 있다는 것, 아픔을 그림을 통해서 잔잔하게 때론 격렬하게 표현하는 것, 스스럼없이 나의 마음을 표현하는 것은 상처의 아픔을 조금씩 긍정적으로 치유해가는 과정입니다. 많은 분들이 질문합니다. 어떻게 하면 상처를 극복할 수 있느냐고, 또 트라우마를 겪고 있는 사람을 어떻게 도울 수 있느냐고 궁금해합니다.

《다시는 상처받지 않게》는 30년간 현장에서 많은 이들의 아픔을 치료했던 경험을 토대로 트라우마의 이론을 알기 쉽게 설명한 책으로《누구나 상처를 안고 살아간다》의 전면 개정판입니다. 새롭게 출간하면서 그림으로 트라우마를 극복했던 화가들의 이야기를 비롯해 많은 사람들에게 힘과 위로를 준 명화들을 추가해 넣었습니다. 또한 부록으로 구성된 트라우마 치유북을 통해 단계별로 혼자 워크숍을 직접 실행할 수 있도록 했습니다. 나의 마음 상태를 그대로 나타낼 수 있는 그림을 하나씩 그려보고 내면과 대화를 이끌어가는 것입니다. 때로는 많은 말 대신 한 장의 그림이 우리를 위로합니다.

충격적인 사건을 경험하고 나면 마음속 한구석에는 엄청난 감정의 소용돌이가 휘몰아칩니다. 트라우마를 잘 이겨내는 사람은 현실을 직시하고 자신의 상황을 받아들이며, 지금 필요한 게 무엇인지를 생각하고 행동합니다. 자, 이제 스트레스를 견뎌내고 다시 제자리로 돌아오는 힘이 필요합니다. 그 마음의 힘이 다시 나를 일으켜줄 거예요.

나 자신을 용서하고 일상으로 돌아가는 데에는 용기가 필요합니다. 일상으로 돌아가려고 할 때 다른 이들의 판단과 시선을 신경 쓰지 마세요.

당신은 충분히, 행복할 자격이 있는 사람입니다.

2023년 7월

저자 김선현

# 01
# 명화 이야기

트라우마 치유에 특히 효과적인 그림을 엄선했습니다.
아무런 편견 없이 그림을 감상하는 데 집중하세요.
명화를 충분히 음미한 후,
오른쪽 페이지의 안내글로 넘어가세요.

상처에 등급을 매길 수는 없겠지만, 어린 시절 사랑하는 사람을 잃어버린 경험은 개인에게 가장 가혹한 아픔일지도 모르겠습니다. 삶과 죽음의 경계는 어디일까요. 파리한 빛깔이 소녀는 이미 삶과 죽음의 경계에 서 있는 듯하네요. 이 작품은 개인적 트라우마를 자신의 작품으로 승화시킨 화가 에드바르 뭉크(Edvard Munch)의 석판화입니다.

다섯 중 소녀는 뭉크가 가장 사랑했던 누나입니다. 누나는 뭉크에게 어머니 그 이상의 존재였나니다. 어머니는 뭉크가 태어난 지 5년 만에 결핵으로 세상을 떠났고, 뭉크에게 누나는 지극정성으로 돌보아졌기 때문이지요. 그런데 누나마저 뭉크가 14세가 되던 때 폐결핵으로 앓았습니다. 이후 뭉크는 오랜 동안 자기 때문에 누나가 죽었다는 죄책감에 시달렸고, 사랑하는 두 여인의 죽음으로 뭉크는 애착 관계를 형성하는 데 큰 어려움을 겪었습니다. 또한 그가 죽음에 대한 두려움을 가지게 된 계기가 되었지요. 뭉크는 이러한 자신의 삶과 고통스러운 심리적 경험, 사랑과 죽음에 대한 자신의 생각을 작품에 반영하면서 자신을 돌아보고 두려움을 극복했습니다.

에드바르트 뭉크, 〈병든 아이 I〉, 석판화
50.6x66.4cm, 1896년.

19

# 02

## 심리학적 설명

치유 단계별로 트라우마를 어떻게 이해하고,
나에게 적용시킬 것인지 심리학적으로 설명했습니다.
전문적인 지식을 꼼꼼히 읽어보세요.

## 차례

# 1장                                      받아들이기
## 누구나 상처를 안고 살아간다

# 2장　이해하기

## 내 안의 어린아이를 안아주다

# 3장              변화하기

상처의 극복

# 4장
## 구체화하기

어떻게 달라질 것인가

# 5장
## 극복하기

담대하게 받아들이고 성장하기

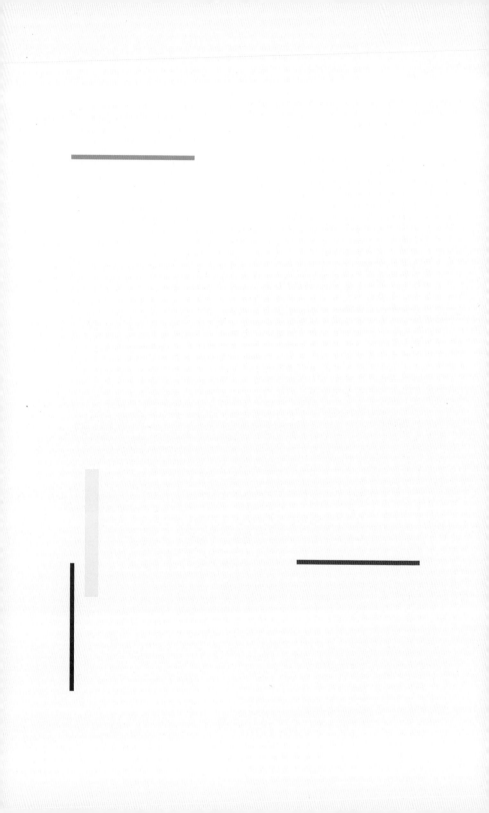

# 1장          받아들이기

## 누구나 상처를
## 안고 살아간다

에드바르 뭉크, 〈병든 아이 I〉, 석판화,
50.6×66.4cm, 1896년

상처에 등급을 매길 수는 없겠지만, 어린 시절 사랑하는 사람을 잃어버린 경험은 개인에게 가장 가혹한 아픔일지도 모르겠습니다. 삶과 죽음의 경계는 어디일까요. 파리한 얼굴의 소녀는 마치 삶과 죽음의 경계에 서 있는 듯하네요. 이 작품은 개인적 트라우마Trauma를 자신의 작품으로 승화시킨 화가 에드바르 뭉크Edvard Munch의 석판화입니다.

작품 속 소녀는 뭉크가 가장 사랑했던 누나입니다. 누나는 뭉크에게 어머니 그 이상의 존재였지요. 어머니는 뭉크가 태어난 지 3년 만에 돌아가신 데다가 어린 시절부터 병약했던 뭉크를 누나가 지극정성으로 돌보아줬기 때문이지요. 그런데 누나마저 뭉크가 12세가 되던 해 죽고 말았습니다. 이후 뭉크는 오랫동안 자기 때문에 누나가 죽었다는 죄책감에 시달렸지요. 사랑하는 두 여인의 죽음으로 뭉크는 애착 관계를 형성하는 데 큰 어려움을 겪었습니다. 또한 그가 죽음에 대한 두려움을 가지게 된 계기가 되었지요. 뭉크는 어두운 자신의 삶과 고통스러운 심리적 경험, 사랑과 죽음에 대한 자신의 생각을 작품에 반영하면서 자신을 돌아보고 두려움을 극복했습니다.

# 트라우마 없는
# 사람은 없다

●

누구나 정신적 상처 한두 개쯤은 품은 채 살아갑니다. 단지 그 상처의 크기나 깊이가 다를 뿐이지요. 누군가는 웃으며 넘길 수 있을 테지만, 누군가는 여전히 아프고 고통스러울 수도 있습니다. 혹은 떠올리기조차 싫어서 지워버리고 살아가는지도 모르지요.

문제는 이처럼 해결되지 못하고 마음속에 쌓인 감정이 부적절한 방식으로 표출되는 경우가 많다는 점입니다. 이럴 경우 병리적 증상들이 나타나고, 이 증상들이 반복되고 굳어지면 일상생활에 지장을 일으켜 장애가 됩니다. 저는 이것 역시 트라우마라고 봅니다.

우리가 일상에서 느끼는 스트레스는 일종의 정신적 상처입니다. 즉, 스트레스란 심리적으로 압력을 받는 상태인데, 나쁜 일로만 생기지 않습니다. 입학이나 결혼, 승진 등 좋은 일로도 얼마든지 스트레스를 받을 수 있습니다. 스트레스는 환경에 적응하는 과정에서 어쩔 수 없이 생겨나기 때문이지요. 따라서 우리가 스트레스를 완전히 피하고 산다는 것은 불가능합니다. 다만 스트레스에 적절히 대응하는 것이 중요합니다. 혹자는 스트레스 받지 말라고 쉽게 이야기하기도 합니다. 누구나 사는 게 쉽지는 않다고, 마음이 굳세지 못해서 엄살을 부리는 것이라고 말이지요. 그러나 사람마다 겪었던 일이 다르고 대처하는 방법이 다르기 때문에 쉽게 단정할 수는 없습니다.

트라우마는 누구나 가질 수 있습니다. 여기서 잊지 말아야 할 것은 그 트라우마 때문에 삶 전체를 망가뜨리지 않는 것입니다. 그러기 위해서는 무조건 아픈 기억을 잊어버리려고만 해서는 안 됩니다. 트라우마의 원인이 되는 사건을 받아들이고, 상처를 인정해야 합니다.

내가 상처받았다는 사실을 수용하고 그 과정을 바탕으로 성장하기 위해 노력한다면, 단지 그전으로 돌아가는 것이 아니라 그 이상의 긍정적인 변화를 경험할 수 있을 것입니다.

프리다 칼로, 〈부서진 기둥〉, 캔버스에 유채,
40×30.7cm, 1944년

여섯 살 때 소아마비를 앓고 장애인이 된 소녀가 있습니다. 열여덟 살 때 타고 있던 버스가 전차와 충돌하는 바람에 버스의 철제 막대기가 그녀의 등을 파고들어 관통했습니다. 요추와 골반뼈가 파손되고 오른쪽 다리뼈가 11군데나 부서지는 치명상을 입었습니다. 너무나 끔찍한 이 이야기의 주인공은 바로 화가 프리다 칼로Frida Kahlo입니다. 유년 시절 사고와 여러 번의 수술로 인한 후유증의 고통이 칼로를 항상 따라다녔고, 그녀는 자화상을 통해 고통을 승화시켰습니다. 칼로는 단순히 몸의 상처만을 가지고 있었던 것이 아니었습니다. 사랑하는 남편 디에고 리베라Diego Rivera는 여성 편력으로 유명한 인물이었지요. 그런 남편 때문에 오랫동안 깊은 마음의 상처를 받으며 살았습니다.

그림 속 그녀의 몸에 박힌 못은 마음에 박힌 못이기도 합니다. 그녀 뒤로 보이는 황폐한 땅이 갈라진 배경은 마치 칼로의 몸과 마음을 대변해주는 듯합니다. 그녀에게 그림을 그린다는 것은 단순한 행위가 아닙니다. 그림의 힘을 통해 스스로 거부할 수 없었던 과거의 상처, 트라우마를 치유하고 있었던 것입니다.

# 억눌린 감정은
# 결코 사라지지 않는다

●

심리적인 요인으로 인한 문제를 방어하기 위해 몸이 만들어내는 현상, 즉 정신적·육체적 장애 현상이 나타나는 것을 통틀어 심인성질환心因性疾患, Psychogenic Disease이라고 합니다. 미해결된 감정이 생각을 왜곡시키면 망상 증상이 나타나고, 행동을 왜곡시키면 부적응 행동이 일어나고, 감각을 왜곡시키면 환각 증상이 일어납니다. 그리고 감정을 왜곡시키면 부적절한 감정 상태가 나타나는 것이지요. 이러한 증상들 역시 생존을 위해 자동으로 취해지는 행위, 즉 방어기제이기 때문에 좀처럼 고치기 쉽지 않고 중증일수록 증상이 심각해집니다.

반드시 심리적 문제만으로 이러한 장애가 생긴다고 말하

기엔 무리가 있지만, 심리적인 문제를 해결하지 않으면 육체적인 문제도 해결되지 않는 건 분명합니다. 마음을 다스리고 정서를 안정시키지 않으면 자율신경의 부조화로 인해 문제가 재발하는 악순환이 계속됩니다.

미국의 존 사노John Sarno 박사는 미국인들이 가장 많이 겪고 있는 심인성질환은 신경성통증TMS, Tension Myositis Syndrome: 긴장성 근육통 증후군이라고 설명했습니다. 재미있는 사실은, 이전까지 한동안 미국에서 가장 유행했던 심인성질환이 위장 관련 질병이었다는 것입니다. 변화의 이유는 위장병이 심리적 요인에서 비롯되는 경우가 많다는 사실을 미국 사람들이 많이 알게 됐기 때문입니다. 심인성질환은 심리적 문제를 방어하기 위해 몸이 만들어내는 현상이라고 했지요. 그런데 이 위장병이 심리적인 문제에 기인했음을 알게 되면서 무의식적 방어가 힘들어지자, 우리의 무의식은 위장병이 아닌 신경성통증이라는 새로운 신체적 증상을 만든 것입니다. 따라서 우리가 억눌린 감정을 제대로 해결하지 못한다면 다음에는 또 어떤 심인성질환이 1위를 탈환할지 모릅니다. 심리적 요인으로 인한 증상과 반응은 신경성통증이나 위장병 외에도 매우 다양하고 복잡합니다. 대표적인 증상은 다음과 같습니다.

- **신체적인 신호** 오심, 위통, 답답함, 식은땀, 오한, 설사, 빈맥, 근육통, 입 마름, 떨림, 시야가 흐릿해짐, 피로감
- **행동적인 신호** 위축, 회피, 식욕의 변화, 알코올 섭취 및 흡연 증가, 경계심, 과도한 유머, 과도한 침묵, 이상 행동
- **인지적인 신호** 혼란스러움, 주의 산만, 계산 능력 저하, 기억상실, 악몽, 논리적 사고의 어려움
- **정서적인 신호** 예기불안, 현실부정, 두려움, 화, 감정의 불확실성, 우울감, 절망감, 애도, 죄책감, 상실감, 버려진 느낌, 걱정, 숨고 싶거나 죽고 싶은 마음, 멍한 기분, 트라우마를 앓는 피해자가 불쌍하다는 마음

충격적인 사건을 경험하고 난 후에 트라우마를 겪고 있다면, 우선 그것이 당연한 증상임을 우선 받아들이세요. 혼자 극복하는 게 힘들다면 빠른 시일 내에 치료받기를 권합니다. 그런데 치료받기를 주저하는 경우도 많지요. 그냥 넘어가거나 잊을 수 있는 일이라고 생각하면서, 치료를 받게 되면 오히려 과거를 자꾸 상기하게 될까 꺼리기 때문입니다.

하지만 미해결된 감정은 계속해서 무의식 속에 억압되어 있습니다. 그대로 내버려둔다면 이는 좋지 않은 성격을 형성하고 현실의 생활에 큰 타격을 줄 수도 있습니다. 적극적으로

상황을 인지하는 한편 빠른 시일 내에 해결하려고 노력해보
세요.

프리다 칼로, 〈인생이여, 만세〉, 목판에 유채,
50.8×59.5cm, 1954년

붉은색의 과육, 초록색 수박이 인상적인 이 그림은 프리다 칼로의 〈인생이여, 만세Viva La Vida〉라는 작품입니다. 그녀는 이 그림을 완성하고 8일 후 세상을 떠났습니다. 몸을 도려내는 듯한 극심한 고통으로 죽음이 가까워지고 있을 때, 칼로는 다양한 모양으로 잘린 수박들을 화폭에 가득 그렸습니다. 그리고 그중 하나에다 '인생이여, 만세'라는 글자를 크게 새겼습니다.

이 그림을 그리기 전, 칼로는 "이 외출이 행복하길. 그리고 다시는 돌아오지 않길"이라는 유언을 남겼다고 해요. 너무 끔찍한 삶이었기에 '외출 후 돌아오지 않기'를 바라기도 했지만 삶의 끝자락에 그녀는 자신의 모든 것이었던 캔버스에 사력을 다해 '인생이여 만세'를 그려 넣었지요. 피폐했지만 그 누구보다 굳센 의지로 삶을 살았던 그녀의 인생을 잘 말해주는 듯합니다.

세계적인 록 밴드 콜드플레이의 리드 싱어인 크리스 마틴이 이 그림을 보고 영감을 받아 〈인생이여, 만세Viva La Vida〉라는 노래를 만들었다고 합니다. 강인하고 아름다운 프리다 칼로의 삶이 그림으로, 노래로 아직도 많은 이들을 울리고 있습니다.

삭막한 들판에서 아무것도 걸치지 않은 젊은 여인이 엎드려 울고 있네요. 하얀 피부와 통곡에 가까운 울음소리, 끊임없이 흘러내리는 눈물……. 여인은 어떤 일 때문에 울고 있을까요. 그녀를 통해 느껴지는 나의 감정은 무엇인가요.

그림 속 여인의 모습처럼, 기억과 감정 앞에 벌거벗고 엎드려 울었던 적이 있나요? 나라면 어떠한 방법으로 그 감정을 해결하고 해소해나갈 수 있을까요?

어쩔 수 없이 나도 모르게 떠오르는 기억, 머릿속에서 재편집되고 구성된 기억의 파편들은 상처를 받은 사람과 상처를 준 사람의 구분을 모호하게 만듭니다.

억압된 기억들은 나도 모르게 스스로를 방해하는 요소로 어떠한 모습으로든 다시 나타나며, 그 이후를 통제하려면 많은 에너지를 소모해야만 합니다.

상처받지 않는 삶은 없습니다. 아픈 마음을 회복하려면 우리는 기억을 억누르기보다 진정한 해소를 위해 애써야 합니다. 때로는 힘들더라도 기억과 직면하고 상처를 살펴보는 작업이 필요합니다.

조지 클루젠, 〈울고 있는 젊은이〉, 캔버스에 유채,
91.4×91.4cm, 1916년

# 상처를 숨기기

●

'오이디푸스 콤플렉스'라는 말을 들어보셨지요? 남자아이가 3세쯤 되면 어머니를 독차지하려 하고 아버지를 경계하는 성향을 띠는데, 그것을 지칭하는 정신분석학적 용어입니다. 그 이름은 그리스 · 로마 신화에 등장하는 비극적 인물 오이디푸스에게서 비롯됐습니다.

오이디푸스는 테베의 왕 라이오스의 아들이지만 "아버지를 죽이고 어머니를 범할 것이다"라는 무시무시한 예언 때문에 태어나자마자 버림당합니다. 우여곡절 끝에 코린토스의 왕 폴리보스를 친부로 알고 자라난 오이디푸스는 또다시 같은 예언을 듣고, 예언에서 벗어나고자 코린토스를 떠납니다. 하지만 오히려 그 때문에 예언이 맞아떨어지고 말지요. 길에서 싸움이 붙어 사람을 죽이게 되는데 그 사람이 친아버지였고, 괴물인 스핑크스를 물리쳐 왕으로 추대되면서 결혼한 왕비가 친어머니였던 것입니다. 이 사실을 알게 된 오이디푸스는 스스로를 용서하지 못해 두 눈을 찔러 장님이 된 채 떠돌다가 쓸쓸히 죽음을 맞이합니다.

오이디푸스의 비극적 이야기는 수많은 예술작품에서 다뤄지고 있습니다. 그만큼 많은 사람들이 이 비극적인 이야기에 매력을 느끼는 것이지요. 그러나 우리나라에서는 오이디푸스 콤플렉스를 잘 다루지 않을뿐더러, 설령 다루더라도 매우 무겁게 다루는 편입니다. 성에 대해서 유난히 보수적인 우리 사회의 분위기 때문일 것입니다.

유교 문화가 깊숙이 자리 잡은 우리 사회는 부모와 자녀 간에 존재하는 윤리관이나 규범을 깨트리는 것을 극도로 두려워합니다. 게다가 감정을 잘 드러내지 않는 것이 미덕이라고 배워왔기에, 성에 대한 문제를 공공연하게 다루는 것을 금기시하는 경향도 큽니다. 하지만 그 때문에 감정 표현이나 스트레스 표출이 잘 이뤄지지 않고 미해결 감정으로 쌓여가는 것도 사실입니다. 사회 규범에 어긋나지만 않는다면 좀 더 적극적으로 다루어야 할 필요가 있지 않을까요?

동서양의 문화는 인간을 바라보는 관점에서부터 큰 차이가 있습니다. 동양적 사고관에서는 인간을 사회적이고 상호의존적인 존재로 보기에 타인에게 의존하고 남을 배려하고 양보하는 것을 중요시합니다. 반면 서양에서는 인간을 개별적이고 독립적인 존재로 봅니다. 그래서 적극적인 자기주장과 개인 간의 경쟁, 공정한 교환을 중시하지요.

우리나라도 동양적 사고관으로 인간을 바라보는 경향이 강합니다. 여기에 한국이라는 국가의 고유한 문화적 특성도 더해집니다. 개인주의 문화와 집단주의 문화를 구분하는 기준이 사회생활의 기본 단위를 '개인'으로 보느냐 아니면 '집단'으로 보느냐에 있다면, 우리나라의 문화는 집단주의에 속한다고 할 수 있겠지요.

그러나 효*를 강조하는 우리 사회에는 다른 나라와 크게 구별되는 집단주의 현상이 생겨났는데, 바로 내 부모를 비롯한 가족을 가장 우선순위에 두는 '가족주의'입니다.

그렇기 때문에 개인의 역할도 자신의 성향보다 다른 구성원과의 관계 속에서 규정되는 경우가 많습니다. 개인의 정체성도 마찬가지입니다. 나의 성향보다는 관계망 내에서 내가 어떤 위치에 있느냐에 따라 정해지는 경우가 많지요. 원래 책임감이 강한 사람이었다기보다는 '장남이니까 가족을 책임져야 한다'는 식으로 역할과 정체성이 정해지곤 한다는 이야기입니다.

개인주의적 자아보다 공동체적 자아를 소중히 여기는 문화는 자신을 표현하는 것을 더욱 어렵게 만드는 요인입니다. 어쩌면 한국인 특유의 정서라고 하는 한恨 역시 그래서 만들어지는 것이 아닐까요? 욕구가 좌절되고 인생의 쓴맛을 보았지만 이것을 보복하거나 하소연하는 대신, 억누르거나 다른 방식으로 승화시켜 발산하는 것입니다.

가족을 위해 희생하는 것이나 좌절된 욕구를 꾹 참는 것이 나쁘다는 말이 아닙니다. 다만 그렇게 쌓인 부정적 감정들이 오랜 시간 해결되지 못하면 스스로를 괴롭히는 부메랑으로 돌아올 수 있다는 뜻입니다. 특히 충격적인 사건을 경험한 사람들은 우울이나 불안 등 여러 가지 정신적인 문제에 노출됩니다. 충격이 컸거나 오랜 시간 해결되지 못한 경우에는 당시 상황을 표현하는 것마저 기피하게 됩니다.

그렇게 억눌린 감정을 한으로 남기는 것이 과연 바람직한 일일까요? 한번쯤 감정을 표현하고 마음을 드러내보는 것도 괜찮지 않을까요? 상처받은 나의 감정과 내면을 표현하고, 아팠던 기억을 꺼내보고, 심리적·정서적 안정을 도모하는 용기가 필요한 때입니다.

알렉상드르 스옹, 〈오르페우스의 통곡〉, 캔버스에 유채,
110×110cm, 1896년

작품에 등장하는 오르페우스는 아폴론과 칼리오페 여신 사이에서 태어난 아들로, 그리스 신화에서 가장 유명한 음악가이며 시인이었습니다. 오르페우스의 악기 연주는 너무나 훌륭해서 짐승, 나무, 바위까지 감동시킬 정도였다고 하지요. 그는 에우리디케와 결혼했지만 에우리디케는 그녀의 아름다움에 반해 쫓아오는 양치기를 피해 달아나다가 독사에게 발을 물려 죽고 맙니다. 오르페우스는 아내를 잃지 않기 위해 지옥에 내려가 음악으로 지옥의 신을 감동시키고, 아내를 데리고 돌아가도 좋다는 허락을 받습니다. 단, 지상 세계에 도착할 때까지 아내의 부름에 절대로 뒤돌아보아서는 안 된다는 조건이 있었습니다. 하지만 오르페우스는 에우리디케의 간절한 부름에 못 이겨 그만 뒤돌아보면서, 영원히 아내를 잃고 말지요.

그림 속 바위는 저승으로 가는 통로를 막고 있는 장애물입니다. 황량한 바다 위에 누운 오르페우스의 파란색 옷과 눈을 가린 그의 모습에서 깊은 슬픔을 느낄 수 있지요.

슬프면 슬픈 대로 슬퍼할 시간도 필요하지만 그렇다고 계속 슬픔 속에만 빠져 있을 수는 없습니다. 슬픔에서 회복하기 위한 방법에는 어떤 것들이 있을까요.

오르페우스는 슬픔을 딛고 일어나기 위해 희망을 상징하는 노란색 옷으로 갈아입을 수도 있고, 그의 앞을 가로막고 있는 바위를 피하는 방법을 고민해볼 수도 있을 것입니다.

사랑하는 이를 위해 내 상처를 숨기고 홀로 울어야 할 때가 있습니다. 그 사람에겐 아무렇지 않게 웃어주기 위해 말이죠. 사랑의 아픔이란 이런 게 아닐까요.

## 상처와 마주해
## 인정하고, 표현하고, 흘려보내기

●

우리의 뇌에는 긍정적 기억보다 부정적 기억이 오래 남습니다. 감정도 마찬가지입니다. 긍정적 감정보다는 부정적 감정이 더 오래가지요. 좋지 않은 감정이나 생각이 떠올랐을 때 거기에 빠져 있기만 한다면, 나쁜 기억은 더 강하게 여러분을 괴롭힐 것입니다. 흔히 '기억 속에 사는 사람'이라는 말을 하는데, 이 말은 다소 부정적인 뜻을 가지고 있습니다. 옛날 일만 떠올리며 과거의 추억에서 벗어나지 못하는 사람을 의미하기 때문입니다. 무언가 상처가 있고, 그 상처를 치유하지 못한 채 추억이라는 보호막 아래 숨어 있는 것입니다.

과거의 경험은 현재의 나뿐만 아니라 미래의 나에게도 영향을 줍니다. 상처를 준 사람이 아니라 상처를 받은 나에게 계속 부정적 영향을 미친다는 것이 함정이지요. 그러니 이 상처를 계속 묻어두고 가는 것은 좋은 일이 아닙니다. 용감하게 상처와 마주하고 그것을 긍정적인 방향으로 해소해야 합니다.

물론 나의 상처를 바라보는 게 쉬운 일은 아닙니다. 다시 그 상황을 떠올리게 되고 거듭 똑같은 상처를 받는다는 느낌이 들기 때문에 고통스럽습니다.

이럴 때는 그때의 상처가 나의 몸과 마음에 어떠한 영향을 주는지를 알아차리는 것부터 시작합시다. 사람의 감정은 그것을 느끼고 있다는 사실을 알아차려주는 것만으로도 해소되는 경우가 꽤 있습니다. 그러면 비로소 감정에 휘둘리지 않고 감정을 다스리는 주체로서 한발 나아갈 수 있지요.

감정을 억압하거나 억제하는 것보다는 그것을 인정하고, 더 나아가 나의 감정을 표현하는 것이 더 낫습니다. 처음에는 힘들겠지만 조금씩 표현하다 보면 감정이 해소되는 것을 경험할 수 있을 것입니다.

마음의 상처도 몸의 상처와 크게 다르지 않습니다. 아프고 보기 흉하다며 꼭꼭 숨겨놓기만 한다면, 상처는 보이지 않는 곳에서 곪아터지고 결국 몸 전체에 독기를 퍼뜨릴 것입니다. 반면에 상처를 드러내어 소독하고 잘 관리하면, 처음에는 쓰라리고 아프겠지만 곧 아물 것입니다. 흉터가 남아 속이 상할 수도 있겠지만 언젠가는 '그래, 그런 일도 있었지'라며 넘길 수 있지요.

그러니 아프고 불필요한 감정과 생각들은 가둬두지 말고 자연스럽게 흘려보냅시다. 내가 품을 수 있는 마음과 감정, 생각들만 품도록 합시다. 그러면 곧 당신은 잘 정돈된 내 마음의 공간을 만날 수 있을 것입니다.

로버트 루이스 리드, 〈백합〉, 캔버스에 유채,
112.1×108.6cm, 1907년

라몬 카사스 이 카르보, 〈절대 안 돼〉, 캔버스에 유채,
61.5×50.5cm, 1893년

그림 속 여성은 안으로 들어오려는 걸까요, 밖으로 나가려는 걸까요? 선택은 그녀의 몫입니다. 감정 다스리기도 이와 같습니다. 사람들은 나의 감정이 특정 외부 사건에 의해 일어난다고 생각합니다. 그 사건으로 기쁘기도 하고, 화도 나고, 슬프다고 말이지요.

하지만 나의 감정은 사건 자체로 인한 것이 아닌, 사건에 반응하는 나 자신으로 인한 것입니다. 따라서 나의 반응을 조율하는 것이 감정을 다스리는 최적의 방법입니다. 있는 그대로 인정하고, 표현하고, 흘려보내는 것이지요.

여인의 흰옷처럼 편안하고 자연스럽게, 경계심을 풀고 바깥으로 나가는 것이야말로 외부와 직면하는 가장 어렵지만 확실한 선택입니다. 바깥 세계가 궁금할 때 창문으로 바라볼지, 문을 열고 직접 나아갈지는 내가 정할 수 있습니다. 자, 이제 나의 생각과 감정의 방에서 나는 어떻게 해야 할까요? 열쇠는 다른 누구도 아닌 나 자신이 갖고 있다는 걸 다시 한번 생각해보세요.

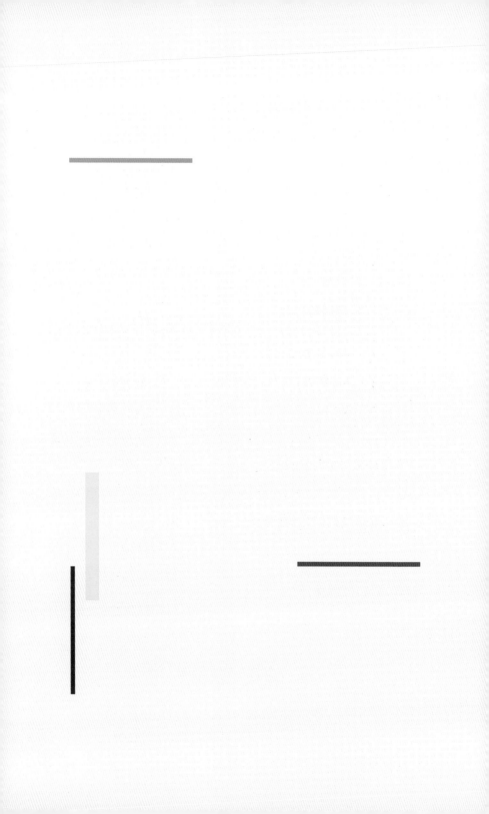

# 내 안의 어린아이를
# 안아주다

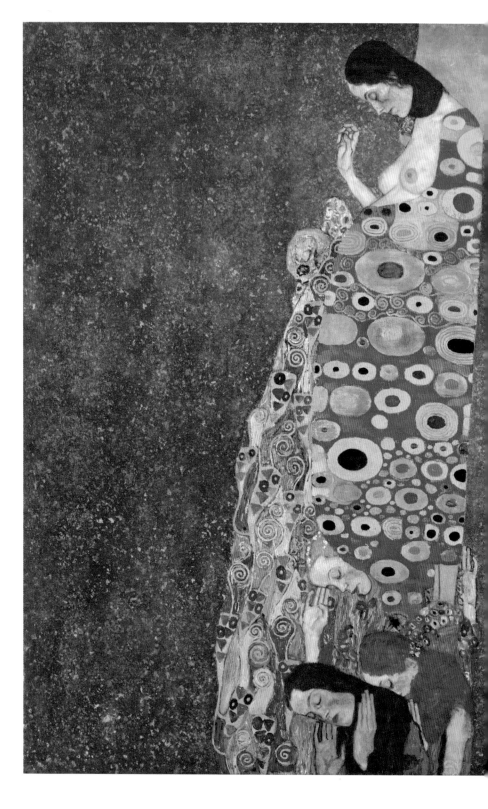

구스타프 클림트, 〈희망II〉, 캔버스에 유채,
110×110cm, 1907~1908년

몽환적인 그림, 금박을 붙인 화려한 장식의 그림으로 유명한 구스타프 클림트Gustav Klimt. 특히 그는 화려한 색채와 성性과 사랑, 죽음을 담은 그림으로 전 세계 사람들을 매료시켰습니다.

클림트의 삶에는 늘 죽음의 그림자가 드리워져 있었습니다. 그가 서른 살이었을 때 동생 에른스트와 아버지가 한꺼번에 세상을 떠나게 됩니다. 한평생 의지했던 가족이 한꺼번에 자신을 떠남으로써 큰 슬픔과 상실감을 얻었지요. 그 감정, 심리적 외상은 고스란히 그의 그림에 절절하게 담겨 있습니다.

그림에는 클림트의 작품에 자주 나오는 화려한 무늬의 옷을 입은 임산부가 보입니다. 자세히 들여다보면 해골이 그려져 있습니다. 해골은 임신과 출산에 관련된 위험, 죽음을 의미합니다. 클림트의 자식 가운데 한 명이 아기일 때 사망한 일도 있었기에 그 슬픔이 그려진 것이기도 해요.

또한 원래 이 작품에 클림트는 '비전vision'이라는 이름을 붙였다고 하니 곧 세상에 나올 아이의 미래에 대해 이야기하고 싶은 듯합니다. 그 여인의 발 아래에는 아이가 무사히 태어나기를 기도하는 듯한 여인의 모습도 담겨 있어요. 이 세상 모든 엄마들과 아이를 지켜내기 위한 희망, 트라우마로부터 자유로워질 수 있다는 희망이 느껴집니다.

희망을 잃어버리지 말고 내 안의 어린아이에게 손을 내밀어야 합니다. 손을 내밀지 않으면 어린 시절에 겪은 트라우마가 오랜 시간이 지난 후에도 나 자신을 아프게 만들기 때문입니다.

# 무엇이
# 트라우마를 만드는가

●

2013년 보스턴 마라톤 대회에 출전했던 27세의 여성 레베카 그레고리는 결승점 부근에서 발생한 폭발물 테러에 의해 다리가 잘렸습니다. 젊은 나이에 느닷없이 장애인이 된 그녀는 수많은 좌절의 시간을 겪었지만, 결국 다시 일어섰습니다. 잘라낸 한쪽 다리 대신 의족을 달고 말이지요.

2015년 그녀는 아픔의 현장이었던 보스턴 마라톤 대회에 다시 출전했습니다. 비록 풀코스가 아닌 5.6킬로미터의 단축 마라톤이었지만, 트레이너의 손을 잡고 결승선을 통과한 후 그녀는 땅바닥에 엎드려 그동안 겪었을 고통과 슬픔을 모두 쏟아냈습니다. 테러라는 무시무시한 사건이 남긴 트라우마를 훌륭하게 이겨낸 것입니다.

그녀는 운명을 저주하고 부정적 감정에 빠져드는 대신, 나름의 방식으로 아픔을 극복하는 길을 택했습니다. 물론 쉽지는 않았을 것입니다.

그 자리에 주저앉아 울고 싶을 때도 많았을 거예요. 그러나 같은 사건을 경험하디리도 그것이 트라우마로 남느냐 아니냐는 사람마다 다를 수 있습니다. 따라서 개인의 주관적 시각을 수정함으로써 트라우마를 해결하도록 도울 수 있습니다.

'외상'으로 번역되는 트라우마는 원래 신체적으로 부상을 입은 것을 뜻하지만 심리적으로 받은 충격을 의미하기도 합니다. 생명의 위협을 받을 정도의 사건을 경험하는 것은 물론 목격만 한 경우에도 생길 수 있지요.

트라우마를 유발하는 외상적 사건은 자연재해, 물리적인 습격, 교통사고, 화재 등 다양합니다. 그 외에도 상실이나 이별, 신체 질환, 해고, 은퇴, 자식의 독립, 파산 등 개인적으로 위기라고 느끼는 상황이라면 무엇이든지 외상적 사건이 될 수 있습니다.

사람들은 저마다 두려움을 갖는 대상이 다릅니다. 누군가는 강아지를 보면 귀여워서 어쩔 줄 몰라 하지만, 반대로 아주 작은 강아지조차 무서워서 피하는 사람이 있는 것처럼 말입니다. 하지만 누군가 어떤 것에 대해 두려운 반응을 보인다고 해서 이것이 병적인 두려움인지, 아니면 정상적인 두려움에 속하는지를 명확히 구분하기는 어렵습니다.

게다가 외상적 사건이 모두 위기로 이어지는 것은 아닙니다. 트라우마는 외상적 사건 자체가 만들어내는 것이 아니라, 그 사건을 어떻게 이해하고 받아들이느냐에 따라 만들어지기 때문이지요.

외상적 사건을 경험하면 사람들은 자신만의 방법으로 문제를 해결하려고 합니다. 하지만 이러한 노력이 실패하면 더욱 불안감을 갖게 되고, 정체성이 흔들릴 수도 있습니다. 이렇게 잘못된 방식을 반복해서 사용하다 보면 심하게는 질병으로까지 이어질 수 있지요. 그러므로 트라우마에서 벗어나고 싶다면 제대로 된 해결방법을 찾는 것이 중요합니다.

트라우마에 대처하는 방식은 개인의 신념 체계와 트라우마 이전의 경험, 주변의 지지 수준, 내적 자원, 유전적 소인 등에 따라 달라집니다. 따라서 트라우마를 진단하는 데는 복합적인 접근이 필요합니다.

트라우마 이후 신체적 혹은 정서적 문제, 관계나 업무상 문제가 있는지를 살펴보고, 자신이 외상 경험으로부터 회복하지 못하고 있는지, 일상의 균형이 상실되었는지, 정서적 균형이 흐트러졌는지 등을 관찰해야 합니다. 이것이 당신의 삶을 변화시키기 위한 첫걸음입니다.

르네 마그리트, 〈매혹자〉, 캔버스에 유채,
50×60cm, 1951년

배 한 척이 바다를 힘차게 순항하고 있습니다. 푸른 바다에 떠 있는 배는 바다인 듯 하늘인 듯, 비현실적으로 보이기도 합니다. 그림을 보는 이들은 바다와 하늘, 배, 구름이 실제로 존재하는 것인지 알지 못합니다.

심지어 어떤 것이 진짜인지 구분할 수 없습니다. 그림을 보면서 우리는 자연스레 일상에서 생각지 못한 새로운 감정과 마주합니다. 저 푸른 바다와 구름 너머 또 다른 나를 만나는 것이지요.

바다 위의 배는 어디론가로 움직입니다. 배는 앞으로 앞으로 나아갑니다. 끝없는 바다 위를 끝없이 가고 있습니다. 배는 앞쪽으로 밀려오는 파도, 뒤쪽으로 들어오는 파도에도 굳건히 나아갑니다. 때로는 바람과 싸우고 때로는 바람에 올라타 앞으로 나아가는 것이지요. 바다 위에 뜬 저 범선이 마치 인생이라는 파도에 몸을 싣고 흘러가는 우리의 모습인 듯합니다.

멀리 배를 띄워 나아가는 용기는 세계를 알아볼 수 있는 기회를 갖게 합니다. 가장 중요한 것은 높은 파도도, 무서운 태풍도 두려워하지 않는 당신의 용기입니다.

## 생각과 감정을
## 구분해야 하는 이유

●

"내가 그의 이름을 불러주었을 때 / 그는 나에게로 와서 꽃이 되었다"는 시가 있지요. 감정도 그렇습니다. 어떤 감각이 생겨났을 때 내가 그 감각을 그냥 놔둔다면 거기에서 그칠 뿐 그것이 감정이 되지는 않습니다. 긍정적 감정도, 부정적 감정도 마찬가지입니다.

부정적인 생각이나 감정은 그 자체로 생겨나는 순수한 것이 아니라, 나의 해석과 인식의 필터를 거쳐 재창조된 나만의 감각입니다. 누군가 나의 발을 밟았다고 합시다. 일차적인 감각은 '아프다'일 것입니다. 그냥 아프고 말았다면 그것은 감정이 되지 않았겠지요.

하지만 '왜 저 사람이 내 발을 밟았지? 나를 무시하는 건가?'라고 나만의 해석이 덧붙여지는 순간 '기분 나쁘다'는 부정적 감정이 생겨나는 것입니다. 어찌 보면 이렇게 재구성된 감각에 의해 우리는 힘들어하고 있는지도 모릅니다.

반면에 사람들은 긍정적 경험을 하게 되면 사고 기능과 행동 양식이 확장되는데, 그때 학습한 것을 기억에 저장했다가 다른 상황에서도 사용하는 능력이 있다고 합니다. 이른바 긍정 정서 경험을 미래의 상황에 다시 활용하는 것인데, 이를 통해 다시 새로운 긍정 정서를 경험하는 선순환이 이루어집니다.

긍정 정서는 기쁨, 만족감, 즐거움, 사랑과 같은 기분 좋은 정서로 우리는 긍정 정서를 느낄 때 다른 사람들과 더 많이 상호작용을 합니다. 새로운 경험을 찾아 나서며, 개방적이고 이타적인 행동도 합니다. 또한 긍정 정서는 스트레스로 인한 부정적 정서를 해독하는 역할을 하기 때문에, 절망에서 다시 회복하는 회복탄력성을 키우고 부정적 사건에 대처하는 능력을 향상시킨다고도 합니다.

부정적인 생각이나 감정 때문에 괴롭다면 긍정 정서를 통해 새로운 감정으로 바꿔나가도록 합시다. 해석의 필터에 걸러진 잡념과 괴로움이라는 감정을 다 씻어내고 긍정적으로 해석하고 생각하는 훈련이지요.

정서를 조절하기 위한 방법은 다양합니다. 그중에서 첫 번째는 대화를 나누면서 변화를 이끄는 것입니다. 그 과정은 다음과 같습니다.

느낌을 이야기한다 → 상징화한다 → 명확하게 표현한다 → 정서를 허락하고 수용한다 → 정서적 경험이 전달하는 메시지를 확인한다 → 각기 다른 상황에서의 다른 혹은 모순된 정서를 통합한다 → 공감적 조율을 이룬다 → 새로운 의미를 발견한다 → 새로운 정서를 도식화한다 → 변화

두 번째는 정서를 도식화해보는 것입니다. 이것은 곧 감정을 조직화한다는 뜻입니다. 감정이라는 것은 개인에 따라 다르게 나타나는 반응입니다. 그 사람이 현재 처한 상황과 경험이 상호작용해서 나타나므로 다를 수밖에 없습니다.

우리는 사건의 의미를 생각하기에 앞서 자동적으로 정서적인 반응을 보이고 이 정서적 반응은 사건의 의미를 구성하는 데 영향을 미칩니다. 정서 도식은 정서를 다양한 패턴으로 읽어내고, 이를 통해 정서적 감각을 어떻게 활용하며 현실에서는 어떻게 반응하고 적응할지 인도해줍니다.

외상 경험 이후 보이는 심리적·신체적 반응은 나에게만

나타나는 것이 아닙니다. '혼자만 그렇게 느껴왔다'고 생각하는 경우가 많지만, 실제로는 그렇지 않다는 것을 알아야 합니다. 그 이후 감정과 반응을 자유롭게 표현해보는 것이 중요합니다. 이렇게 내적 연대감을 느끼게 되면 외로움과 부정적 감정을 극복하는 데 큰 도움이 됩니다.

트라우마가 있는 사람은 죄책감이 크고, 자기 부정하는 경우가 많아 스스로를 인정하지 못합니다. 제일 먼저 하루하루 나를 돌아보며 변화하기 위해 노력하는 나 스스로를 인정해주세요. 이런 나날들이 이어지면 어느새 '나는 소중한 존재'라는 마음이 싹트게 될 거예요.

김춘수, 〈울트라-마린 2212〉, 캔버스에 유채,
290.9×218.2cm, 2022년

깊고 푸른 바다가 펼쳐져 있습니다. 바다 앞에서 잠시 온갖 시름을 내려놓습니다. 극한으로 치달았던 분노도, 끝없을 것 같던 슬픔도, 마냥 이어질 것 같았던 기쁨까지도 포말과 함께 바다에 녹아내린 듯합니다.

마치 물에 닿은 먹이 서서히 퍼져가는 것처럼 감정이 스며나옵니다. 파란색 하나만으로 그려진 캔버스 유채인데도 불구하고 감정이 오롯이 전달됩니다. 푸른 한 가지 색깔만으로도 사람들과 교감할 수 있다는 게 놀랍습니다. 사실 누군가의 마음을 알고자 할 때 반드시 구체적인 이미지가 있어야 하는 것은 아닙니다. 이렇게 단순한 색상 하나만으로도 충분합니다.

고요한 바다를 보는 것처럼 이 그림을 감상하세요. 푸른 바다가 이런저런 생각 때문에 잠 못 든 이들에게 마음을 비우고 편안히 서 있으라고 일러줍니다. 손과 손바닥으로 꾹꾹 눌러 그려진 심연의 바다를 보며 내 감정을 들여다보세요. 모든 감정이 가라앉은 후에 나의 진짜 마음이, 무의식이 수면 위로 떠오를 것입니다.

# 무의식 속 나의 감정을
# 알아차리는 법

●

저마다 마음 깊숙한 곳에는 적절히 해소되지 못한 부정적 감정을 쌓아두는 '마음 창고'가 있습니다. 그런데 이 창고의 크기는 정해져 있어 지나치게 많은 감정이 쌓이는 순간 우리는 격하게 분노하게 됩니다. 이때 우리의 뇌는 극심한 스트레스를 받아 감정적 표출을 피하는 대신, 그 화를 다른 신체적 증상으로 드러냅니다. 이를 두뇌의 양동 작전이라고 하지요.

심리적 갈등이 심하거나 외부에서 오는 스트레스를 제대로 다루지 못하면 심리적 긴장이 일어나고, 이 때문에 인격에도 변화가 생길 수 있습니다. 바로 우리가 노이로제라고 부르는 신경증입니다. 정신분석학자 지그문트 프로이트Sigmund Freud

는 신경증의 원인이 무의식에 쌓인 부정적 에너지라고 보았습니다. 한번 생겨난 감정들은 무의식에 영원히 남아 있고, 그에 따라 삶과 생활 전반에 심리적·신체적 증상을 일으킵니다. 따라서 스스로 자신의 상태를 알아채고 해결하기 위해서는 감정이 표출되는 순간을 잘 포착해야 합니다.

다음 항목들은 무의식에 쌓인 미해결 감정이나 스트레스가 표출되는 창구를 좀 더 구체적으로 적어본 것입니다. 이 항목들 중 해당 사항들이 많다면 지금 마음속 창고가 가득 차 위험하다는 신호입니다.

- 술을 마시면 가끔/자주 필름이 끊어진다.
- 죽을 것 같은 느낌이나 마비되는 느낌, 무엇인가 확 치고 올라오는 느낌이 종종 있다.
- 잠을 자면 가끔/자주 악몽에 시달린다.
- 술 마시고 주사를 부려 주변이나 나 자신에게 피해를 가져온다.
- 자해를 하고 싶거나 스트레스를 주는 사람 등을 공격하고 싶은 상상을 하기도 한다.
- 지하실이나 엘리베이터 등 폐쇄된 공간에 들어가면 두렵고 마음이 힘들다.

- 내 몸이 어딘가 이상하다는 생각이 들고 건강이 염려스럽다.
- 이유는 알 수 없으나 죽으면 편할 것이라는 생각이 든다.
- 음주, 게임 등을 하지 않으면 불안하거나 초조하고 불면에 시달린다.
- 화가 나면 마음이 통제되지 않고 자꾸 분노가 심해진다.
- 자살 또는 사고와 관련해서 그 장면이 잊히지 않고 불면과 불안에 시달리거나 집중력 저하, 우울감, 괴로움 등이 계속 남아 있다.
- 잠을 자려고 하면 편하지 않고 허공에 붕 떠 있는 느낌이 든다.

"지방공무원 직무스트레스, 트라우마 가이드북",
〈행정자치부 지방행정연수원 자료집〉, 2014년 12월.

위와 같은 상태를 정신적인 장애나 큰 문제라고 생각하고 접근할 필요는 없습니다. 단지 증상이 지속되거나 심해지면 장애로 이어질 수 있으니 조심하고, 미리 부정적 감정을 해소해야 합니다.

프란시스코 데 수르바란, 〈소녀 마리아〉, 캔버스에 유채,
73.5×53.5cm, 1660년

어두컴컴한 방 안에서 소녀가 의자에 기대어 앉아 있습니다. 방 안의 어둠에도 불구하고 그녀의 주위만은 어슴푸레하게 밝습니다. 위를 향해 고개를 약간 치켜든 그녀의 얼굴에서 상서로운 빛이 엷게 뿜어져 나오고 있네요. 하늘을 향한 검은 눈동자와 굳게 다문 입술, 무릎 위에 모아 쥔 통통한 두 손은 홍조를 띤 앳된 얼굴에 걸맞지 않게 사뭇 경건합니다. 소녀가 입은 옷의 강렬한 붉은 빛깔은 고귀함을 상징하며, 녹색 쿠션 위에 놓인 순백의 천은 수를 놓기 위한 것으로 원죄 없이 아이를 잉태하게 될 그녀의 순결함을 상징합니다.

세상 앞에서 한없이 어린 우리에게 "네 발의 아픔은 내가 잘 알고 있다"고 하시는 하느님의 음성을 듣는다면 그동안의 아픈 마음들이 녹고 위로가 될까요. 이 음성만으로도 우리의 아픔은 치유될 것입니다.

'소녀 시절의 성모'라는 주제는 17세기 스페인 화가들 사이에 널리 유행했습니다. 가톨릭 신앙에 대한 열정이 넘쳐났던 그 시기에는 예수의 어머니인 성모 마리아에 대한 관심이 팽배했고, 이에 그녀의 어린 시절에 대한 다양한 에피소드가 쏟아져 나왔습니다.

# 감정은
# 어떻게 나뉘는가

●

행복함을 느낄 때 우리는 흔히 "기분이 좋다"라고 말하지 "감정이 좋다"라고 말하지는 않습니다. 반면 "나쁜 감정을 품었다"라고는 말하지만 "나쁜 정서를 품었다"라고는 말하지 않습니다. 감정은 다양한 층위를 가지고 있습니다. 기분, 감정, 정서라는 말은 어떻게 다를까요? 심리학에서는 이것을 모두 다른 개념으로 사용하고 있습니다. 어떻게 다른지 살펴봅시다.

- **정동**Affects 외부에서 볼 때 객관적으로 관찰되는 감정입니다. 정동은 자극에 대해 외부로 표출되는 무의식적이고 생리적인 반응입니다.

- **감정**<sup>Feelings</sup> 비교적 오랜 기간 유지되는 감정으로, 외부로 표출되지는 않습니다.
- **기분**<sup>Mood</sup> 감정 상태가 일정 기간 지속되는 것을 말합니다. 정동에 대해 주관적으로 느껴지는 감정으로, 생리적 감각(긴장되는 느낌, 어질어질한 느낌)과 감정에 의해 유발된 느낌(무욕감, 행복, 평안 등)입니다.
- **정서**<sup>Emotions</sup> 정동이 생리적 반응을 함께 보일 때를 말하는 것으로 공포나 기쁨같이 쾌, 불쾌의 감정보다 분화된 상태입니다. 정서적 자극 상황에 대처하기 위해 특정한 신체적 변화와 동기화된 행동을 수반합니다.

사람은 처음 태어나면 자신의 정서를 오로지 울음만으로 나타냅니다. 그러다가 생후 3~4개월이 되면 감정이 '쾌감정'과 '불쾌감정'으로 나뉘어 나타나게 되지요. 감정은 정신적 작용이지만 우리의 행동에 영향을 미쳐 우리를 지배하고 이끌어가기도 합니다. 특히 오늘날 사회에서는 억압된 감정이 분노로 폭발하면서 여러 가지 사건·사고가 많이 일어나고 있어 안타깝습니다.

감정이 잘 조절된다면 이러한 사회적 문제도 줄어들 것입니다. 감정 조절은 주변의 어떤 사람도 다치지 않는 방법으로 감정을 표현하고 해소하는 것입니다. 하지만 사람은 저마다 각기 다른 감정을 지니고 있기 때문에 그 과정은 복잡하고 미묘할 수밖에 없습니다. 나의 감정을 변화시키기 위해서는 먼저 감정을 알아차리고 받아들인 후 그 감정과 소통하는 것이 필요합니다. 나아가 단지 감정을 아는 것에서 그치지 않고 그 감정을 느끼고 반응할 수 있어야 합니다. 이제부터 나의 감정과 대화를 시작해보는 것은 어떨까요.

구스타프 클림트, 〈자작나무가 있는 호숫가〉, 캔버스에 유채,
90×90cm, 1901년

빈센트 반 고흐, 〈파이프를 물고 귀에 붕대를 한 자화상〉, 캔버스에 유채,
51×45cm, 1889년

빈센트 반 고흐Vincent van Gogh는 예술가들과 함께 생활하는 공동체를 꿈꿨고, 프랑스 남부 아를에 위치한 '노란 집'이라는 곳에 자신의 동료들을 초대했습니다. 폴 고갱Paul Gauguin만이 그의 초대에 응답했고, 이곳에서 반 고흐와 고갱은 두 달 정도 함께 생활했지만 성격 차이로 인한 충돌이 잦았습니다. 결국 반 고흐는 1888년 크리스마스를 이틀 앞둔 날 자신의 왼쪽 귀를 면도칼로 잘랐습니다. 그는 이 일을 계기로 정신병원에 입원했고, 고갱은 반 고흐의 곁을 떠났습니다.

1889년 1월 병원을 퇴원한 반 고흐는 귀에 붕대를 감은 자신의 모습을 자화상으로 남겼습니다. 그림 속 파이프는 이 그림보다 1년 앞서 그려진 〈반 고흐의 의자〉에서도 등장합니다. 자신을 내세우는 오브제로 파이프를 활용했다고 볼 수 있습니다.

색채의 화가답게 눈이 아릿한 색감을 자랑합니다. 붉은색의 배경과 대비되는 초록색 코트, 파란색 털모자 뒤의 오렌지색 배경, 그리고 파이프에서 올라오는 노란색 연기가 살아 움직이는 듯 생생합니다.

# 이성과 정서의
# 균형 찾기

●

이성이 정서를 통제하는 것은 어렵습니다. 우리는 감정을 받아들이고 인정했다고 머리로는 생각하지만, 막상 그 상황이 닥치게 되면 다시 감정이 울컥 올라와버리곤 하지요. 억누르는 것은 가능할지 모르지만 극복하기는 쉬운 일이 아닙니다. 이때 감정을 다스리기 위해서 그 반대의 감정을 대립시킬 수 있습니다. 불안한 느낌이 들 때 내가 사랑받고 있다는 느낌을 떠올리면 안정적인 정서를 불러일으킬 수 있듯이 말입니다.

그렇지만 정서도 논리적일 수 있습니다. 이것은 정서의 보편성을 통해서 드러납니다. 예를 들어 누군가 미소를 지으면 이 사람은 행복한 상태라는 것을 읽을 수 있습니다. 미술 작품이나 문학 작품을 보면 작가 개인이 가진 정서의 특수성이 잘 드러나지만, 동시에 누구나 공감할 만한 공통적 정서가 나타나기도 합니다.

이러한 정서를 표현하기 위해서는 논리적 과정을 거쳐야 합니다. 미술이라면 관찰, 스케치, 수채나 유채 등의 채색 혹은 조소나 판화, 그 밖의 다양한 방식으로 작품을 완성해야 합니다. 문학도 마찬가지일 것입니다. 말하고자 하는 주제를 언어라는 논리적 도구로 구성합니다.

결국 감정과 정서적인 부분을 어떻게 언어와 이성이라는 논리적 방식으로 표현할 수 있느냐가 중요한 문제가 됩니다. 그런 점에서 미술치료를 비롯한 예술적 표현 활동은 이성과 정서를 결합하는 데 큰 도움을 줄 수 있을 것입니다.

이성과 정서 중 어느 한쪽만으로 세상을 바라보면 우리가 받아들이는 정보는 제한적일 수밖에 없습니다. 아름다움은 감정의 영역이지만 왜 아름다운지를 찾아내는 것은 이성의 영역이고, 철학은 논리적 이성의 영역이지만 인간에 대한 공감이 바탕이 되어야 합니다. 다르게 설명하면 이성과 정서가 조화를 이룰 때 예술의 아름다움을 진정으로 이해할 수 있고, 철학의 개념도 완전히 소화할 수 있습니다.

월터 랭글리, 〈배를 기다리며〉, 종이에 수채,
42×119.5cm, 1885년

부둣가에서 배를 기다리고 있는 여인들의 모습입니다. 작품 속에서 가장 눈길을 끄는 두 여인은 옆 사람들의 수다에도 아랑곳하지 않고 오로지 바다에 시선을 고정하고 있는, 두건을 쓴 아낙네 두 명입니다. 나이 차이가 꽤 나 보이는 두 사람은 고부 관계인지, 모녀 관계인지 모르겠습니다. 남편 혹은 아들을 기다리는 듯한 그들의 눈에는 왠지 모를 불안, 간절한 기다림이 서려 있습니다. 손은 뜨개질을 하고 있지만, 손보다는 바다를 바라보는 눈이 더 강렬합니다. 그 옆의 노파는 이런 상황에 익숙한 듯 입술을 앙 다물고 있습니다. 얼굴의 깊은 주름살이 그간 겪었을 풍파를 짐작하게 합니다.

작품을 그린 월터 랭글리Walter Langley는 영국 버밍햄가의 슬럼가 근처에서 태어났는데 형제자매가 11명이나 되었습니다. 그는 자신이 경험했던 하층 계급의 삶을 사실적으로 묘사하는 데 집중했습니다. 그의 그림에는 따스함이 깃들어 있습니다. 그림 속 풍경처럼 절망적인 상황에서도 피어나는 희망, 우리를 버티게 하는 것은 무엇일까요.

# 희망에 속지 말 것,
# 절망에 지지 말 것

●

유태인 의사 빅터 프랭클Viktor Frankl은 2차 세계 대전 당시 나치의 강제수용소로 끌려갔다가 살아남은 사람입니다. 날마다 죽음의 공포와 마주해야 했지만, 그는 인간 본성에 대해 나름의 연구를 하면서 좌절을 극복했고, 그 내용을 《죽음의 수용소에서》라는 책으로 담아냈습니다.

그가 주목한 것은 수용소에서 죽어가는 사람들과 살아남는 사람들의 성향이었습니다. 그가 관찰한 바에 의하면 수감자들의 사망률이 급격히 증가하는 시기는 성탄절부터 이듬해 새해까지 약 일주일 동안이었습니다. 왜일까요? 그 시기에 식량 배급이나 기후, 질병, 노동 조건 변화 등의 변수가 있었던 것일까요? 아닙니다. 수감자들을 죽음으로 몰아넣은 것은 아이러니하게도 '막연한 희망'이었습니다.

이들은 성탄절이 다가오면서 혹시 집에 갈 수 있을지도 모른다는 근거 없는 희망을 품었습니다. 성탄절이 지나간 뒤에는 다시 새해가 오면 돌아갈 수 있을 거라고 생각했지요. 그러나 현실은 냉혹했고, 이들은 여전히 죽음 앞에 놓여 있었습니다. 막연한 희망에 들떠 있던 이들은 그렇지 않았던 이들보다 더 심하게 좌절의 나락으로 빠졌습니다. 참담한 현실에 직면하면서 용기를 잃고 절망감과 불안감으로 인해 신체의 저항력이 무너졌습니다. 결국 육체적으로 쇠약해진 이들은 그해 겨울을 넘기지 못한 것입니다.

이러한 현실을 보면서 프랭클은 '왜 살아야 하는지'에 대한 이유를 알지 못하면 인간으로서 존재 가치를 잃어버린다는 값진 깨달음을 얻었습니다. 육체적으로 강한 사람이 살아남는 게 아니라 내적인 힘, 즉 이 끔찍한 경험을 개인의 성장에 이용할 수 있는 사람이 살아남는다는 생각을 하게 된 것이지요. 프랭클은 철학자 프리드리히 니체Friedrich Nietzsche의 말에서 큰 영감을 받았다고 합니다.

"나를 죽이지 못하는 고통은 나를 더욱 강하게 만들어줄 뿐이다."

프랭클은 최악의 상황 속에서도 인간으로서의 존엄성을 잃지 않기 위해 최선을 다했습니다. 하루에 한 컵의 물이 배급되면 반만 마시고 나머지 물로 세수와 면도를 했지요. 깨진 유리 조각으로 면도하기를 거르지 않은 덕분에 남들보다 건강해 보였습니다. 병약해서 노동력으로 활용할 수 없는 사람들을 먼저 죽이는 나치의 정책에 따라 그는 가스실로 가는 것을 면할 수 있었다고 합니다.

우리는 '긍정의 힘'이라는 말을 종교처럼 신봉하는 경향이 있습니다. 어떤 고난이 찾아와도 결국 잘 해결될 거라는 믿음을 가지면 못 할 일이 없다고 말이지요. 프랭클 역시 절망을 이겨내는 회복탄력성의 열쇠는 고통스러운 경험 속에서도 긍정적인 의미를 찾아내는 것이라고 믿었습니다.

하지만 그런 믿음이 때로는 우리를 배신하기도 합니다. 아니, 정확히 말하면 우리는 진심으로 그런 믿음을 가지지 못하는 경우가 많습니다. 세상이 긍정적인 사람을 좋아하니까, 긍정적이어야 성공한다고 하니까 억지로 긍정적인 사람인 것처럼 살아가는 경우가 많다는 것이지요.

'모난 돌이 정 맞는다'는 옛말처럼 입바른 소리를 하거나 튀는 행동을 하면 눈총을 받는 세상입니다. 그 속에서 우리는 '이건 아닌 것 같은데'라고 느끼면서도 그것을 좀처럼 입 밖에 꺼내지 않으며 스스로도 '그런 부정적인 생각은 하지 말자'며 억지로 누르게 됩니다. 진짜로 긍정적인 게 아니라 긍정적이라고 믿으며 사는 것이지요. 자기 자신조차 감쪽같이 속인 채 말입니다.

그러는 동안 우리의 감정은 대부분 억압되고 표현되지 못했습니다. 남에게 보이는 모습을 의식하느라 나 자신을 숨겨왔던 것이지요. 그런 삶이 익숙해져서 이제는 내 솔직한 감정과 마주하는 것이 오히려 더 어색하고 불편할지도 모르겠습니다. 감정을 내보이고 표현하려면 먼저 그 감정과 마주해야 합니다. 그렇지 않으면 미해결된 감정들이 내 안에서 독버섯처럼 자라 마음과 몸을 병들게 할 수도 있습니다.

진정한 나와의 대화를 시작하기 위해서는 용기가 필요합니다. 남에게 보이는 모습을 의식하지 말고, 편해지려고 노력합시다. 어색하면 어색한 대로 받아들이고 인정합시다. 처음에는 쉽지 않겠지만 노력하다 보면 어느덧 자연스레 감정을 편하게 내보이는 자신을 발견할 것입니다.

프랭클은 억지로 긍정적으로 살려고 노력하지도 않았고, 근거 없는 희망에 목을 매지도 않았습니다. 2년 반 동안 네 곳의 수용소를 옮겨 다니며 가족을 모두 잃는 비극 속에서도 그를 살린 것은 현실을 냉정하게 바라보는 시각과 그 모든 것을 받아들인 후에 비로소 스스로 내린 결론, '그럼에도 삶을 포기하지 말자'는 생각이었습니다. 그는 자신의 경험을 로고테라피Logotherapie라는 정신치료의 한 방법으로 발전시켰습니다.

"내면의 본질에 삶의 가치를 두고 자신에게 한 발짝 타협할 수 있는 공간을 마련해두어라. 그대를 절벽 끝으로 내모는 것은 상황이 아니라 바로 당신 자신이다."

인간은 어떤 상황에서도 자신의 태도를 선택할 수 있는 주체적이고 능동적인 존재여야 합니다. 남이 아닌 내가 원하는 삶의 의미를 끊임없이 고민하고, 그것을 찾아내고자 노력하는 자세가 나를 강하게 만듭니다.

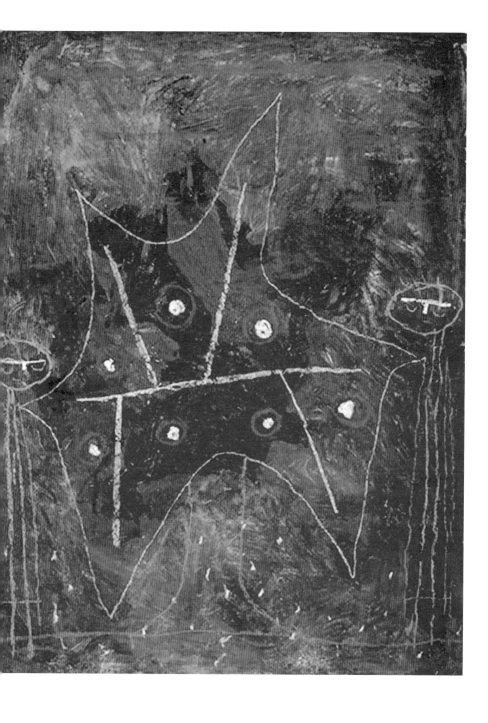

파울 클레, 〈보호받는 식물〉, 캔버스에 유채,
27.5×26cm, 1937년

# 3장 변화하기

**변화하기**

## 상처의
## 극복

불행은 예고도 없이 찾아옵니다. 하지만 똑같은 불행을 겪었다 하더라도 어떤 이에게는 그 경험이 외상후 스트레스 장애로 남는가 하면 어떤 이에게는 성장의 밑거름이 되기도 합니다. 그러기 위해서는 트라우마 상황에 직면했을 때 이를 스스로 극복할 수 있는 자신만의 방법이 있어야 합니다.

화가들은 그림을 통해 자신의 상처를 표현하고 치유하기도 합니다. 영국 화가 존 윌리엄 고드워드John William Godward 역시 마찬가지였습니다. 엄격한 아버지 밑에서 자란 고드워드는 집안의 기대를 저버리고 화가의 길을 선택했어요. 스물여섯 살에는 로열 아카데미에 자신의 그림을 전시하기도 했지만, 아무도 화가로서의 그를 인정해주지 않았습니다. 이런 고난 속에서도 고드워드는 자신만의 길을 꿋꿋이 걸어갔습니다.

이 그림은 〈신호〉라는 작품으로, 강렬한 붉은색의 옷을 입은 여인이 눈에 띕니다. 그리스 신화에 등장할 법한 여인이 먼 곳을 바라보고 있습니다. 대리석 난간에 앉아 한 손으로는 햇빛을 가리며 먼 곳을 바라보고 있습니다. 그녀가 기다리는 것 혹은 꿈꾸는 것은 무엇일까요?

붉은색은 에너지를 뜻합니다. 몸을 틀어서 적극적으로 외부를

존 윌리엄 고드워드, 〈신호〉, 캔버스에 유채,
66×46.4cm, 1899년

바라보고 있다는 것은 '변화'에 대한 강력한 의지의 표현입니다. 특히 높은 곳에 올라서서 바라보는 행위는 그만큼 절실하다는 것을 의미하지요. 곧 다가올 희망을 맞이하기 위해 몸과 마음의 준비를 마친 사람의 결기가 느껴지기도 합니다.

생전에 평론가들은 고드워드가 한물간 신고전주의를 고집한다며 비난과 조롱을 일삼았지요. 세상의 벽 앞에서 철저히 무너질 수밖에 없었지요. 그럼에도 그는 붓을 놓지 않았습니다. 자신의 그림이 언젠가는 빛을 보게 되리라는 희망을 품고 기다렸습니다. 마치 그림 속의 여인처럼 말이지요.

현재 그의 그림은 크리스티 경매에서 불티나게 팔리고, '빅토리아 시대 여성의 아름다움을 재현하는 화가'로 많은 이들의 사랑을 받고 있습니다. 절망과 고독을 넘어선 평화와 희망이 담겨 있기 때문이지요.

나보다 나를 잘 아는 사람은 없습니다. 나의 문제점이 무엇인지를 제대로 보고 인정해주세요. 그리고 두려움을 떨쳐내세요. 그런 태도라면 해결되지 않는 문제는 없어요.

# 당신 잘못이
아니다

●

스트레스를 받으면 흔히 충격이나 공포, 죄책감, 고통, 혼란,
부끄러움, 상실감, 분노 등의 반응이 나타납니다. 그중에서도
스트레스에 일차적으로 영향을 끼치는 것은 두려움과 공포에
대한 기억입니다.

두려움과 공포의 감정은 우리 뇌의 편도체와 해마라는 부
위와 연관이 있습니다. 편도체는 대뇌변연계에 존재하는 뇌
부위로 감정과 공포에 대한 기억을 관장하고, 해마는 편도체
가까이 자리하며 맥락과 이성적 사고를 관장합니다. 전혀 다
른 역할을 담당하는 편도체와 해마가 잘 균형을 이루면 감정
의 균형도 이뤄집니다. 그러나 감당하기 힘든 스트레스가 닥

치면 균형이 깨지고 말지요. 그런 경우에는 이성적 사고가 어려워지고 감정에 압도되기 쉽습니다. 특히 소중한 사람을 잃었을 때의 충격은 말로 다하기가 어렵지요. 남겨진 사람들이 경험하는 극심한 슬픔과 고통은 애도Grief 반응, 즉 상실의 슬픔을 표현하는 감정이나 행동으로 나타나게 됩니다.

가까운 사람을 잃는 것만으로도 남겨진 사람들의 정신적 고통은 엄청납니다. 그런데 만약 예기치 않은 사건에 의해 소중한 사람을 잃게 된다면 어떨까요? 이때의 정신적 고통은 단순한 애도 반응이 아니라 극심한 상처에 대한 외상적 애도 반응Traumatic Grief으로 이해하고 접근해야 합니다. 일반적인 상실감 외에 엄청난 충격과 혼란 그리고 분노가 함께해서입니다.

저는 여러 가지 사건·사고의 트라우마로 고통받는 사람을 많이 만나고 있습니다. 그중에서도 가장 오랜 시간 트라우마로 힘들어하는 분들이 많았던 일본군 위안부와 세월호 사건 피해자들도 만났습니다. 갑작스런 사고로 소중한 자녀가 고통스럽게 죽음을 당했다는 사실에 부모는 창자가 끊어지는 아픔을 겪었을 것입니다. 외국의 경우 배우자와의 사별이 가장 큰 충격이며, 우리나라의 경우 자녀의 죽음이 가장 큰 충격과 스트레스라고 합니다. 유족들은 직접 사고를 당한 희생자가 얼마나 고통스러웠을지를 생각하며 수없이 비슷한 경험을 합니다. 그것만으로도 엄청난 트라우마가 되는데, 여기에 남겨진 사람으로서의 아픔이 더해지게 됩니다.

이들이 겪는 아픔은 사건을 떠올리게 하는 것들에 대한 공포, 죄책감과 책임감뿐 아니라 경제적 문제, 사회적 낙인, 재발의 공포, 스스로와 사회에 대한 부정적 견해 등 말할 수 없을 정도로 복잡합니다. 또한 언론 매체에 노출되면서 느끼는 스트레스, 가해자로 의심되는 친구나 가족들과의 껄끄러운 관계, 복수심 같은 감정도 경험하게 됩니다. 이러한 상황 속에서 유족들의 정신건강이 온전하리라 기대하는 것은 무리겠지요.

상실을 경험한 이들을 괴롭히는 가장 큰 감정은 죄책감입니다. '그때 그렇게 보내지 말았어야 했는데', '그때 같이 있어 줘야 했는데' 등등 자기 탓이라는 생각이 그들을 지배하게 되지요. 그래서 상실로 인해 슬픔에 빠진 사람들에게 다음과 같은 기본 가이드를 제안합니다.

- 일어난 일에 대해서 스스로를 탓하지 말라.
- 용기 있거나 강하게 굴지 말라.
- 도망치려고 하지 말라.
- 스스로에 대해서 미안해하지 말라.

상실에 대한 트라우마는 자연스럽게 발생하는 감정이지만, 우리는 동시에 그 감정을 억압하거나 회피하고 싶어 합니다. 너무나 아프고 슬프니 당연한 일입니다. 그러나 상실로 인한 감정을 대면하지 않고 슬픔을 회피하려고만 하면 그 감정은 결코 해소되지 않습니다. 오히려 두고두고 역기능적인 감정으로 변형되어 당신을 괴롭힐 것입니다. 당당하게 맞서기를 바랍니다. 그것은 결코 당신의 잘못이 아니었으니까요.

구스타프 클림트, 〈아터 호수〉, 캔버스에 유채,
80.2×80.2cm, 1902년

월터 랭글리, 〈슬픔은 끝이 없고〉, 캔버스에 유채,
122×152.4cm, 1894년

누구에게나 예상하지 못한 크고 작은 시련이 닥쳐올 수 있습니다. 여기 바다를 배경으로 한 여인이 얼굴을 감싼 채 깊은 슬픔에 빠져서 흐느끼고 있습니다. 제목으로 미루어볼 때 힘든 일들이 몇 가지 연이어 온 것 같습니다. 생생한 인물 묘사와 배경을 통해서도 힘겨운 삶을 그대로 느낄 수 있습니다. 아프고 힘든 일들은 한꺼번에 온다는 말이 있습니다. 이 젊은 여인에게도 그런 모양입니다. 그 옆에서 할머니는 애통한 표정으로 말없이 조용히 그녀의 등을 토닥여주고 있습니다. 인생의 많은 어려움을 경험한 분 같습니다. 그러나 이 그림을 보면 많은 말을 하고 있지 않습니다.

가끔 그 어떤 위로의 말보다도 침묵으로 표현하는 마음의 언어가 더 가슴에 와 닿을 때가 있지요. 해가 지면 다시 뜨기 마련입니다. 영원히 끝날 것 같지 않은 슬픔과 아픔이 우리의 마음을 힘들게 하지만, 이 밤이 지나면 동트는 새벽이 올 것입니다. 어둠이 내려앉은 막막한 시간 동안 조용히 옆에 앉아서 기다려주는 것, 손을 잡아주고 안아주는 것이 가장 큰 힘과 위로가 될 수 있습니다.

# 충분히 슬퍼하고
# 제대로 회복하기

●

1963년 미국 대통령 존 F. 케네디가 저격당했을 때, 그 옆자리에는 아내 재클린이 있었습니다. 재클린의 분홍빛 드레스는 남편의 피로 얼룩졌고, 그녀는 병원에 도착할 때까지 총알이 뚫고 지나가 피범벅이 된 남편의 두개골을 움켜쥐고 있어야만 했습니다.

엄청난 사건을 겪으면서 그녀는 놀랐고 슬퍼하긴 했지만, 울부짖거나 쓰러지지 않고 시종일관 침착했습니다. 자신의 결혼반지를 빼서 죽은 남편에게 끼워주며 "이제 남은 것은 아무것도 없습니다"라고 말하는 그녀를 보며 사람들은 함께 눈물을 흘렸습니다. 사람들은 가눌 수 없는 슬픔 속에서도 무너지지 않고 꿋꿋이 자기 역할을 다 해낸 그녀에게 갈채를 보냈습니다.

그녀의 놀라운 절제력과 책임감은 경탄할 만합니다. 그러나 분명 정상적인 상황은 아니라고 생각합니다. 재클린의 예는 소중한 사람과 사별한 사람들이 일반적으로 보여주는 방식이라 할 수 없습니다. 그런 엄청난 고통과 슬픔을 그토록 '점잖게' 억누르는 것은 바람직한 일이 아닙니다. 바닥에 뒹굴며 온몸으로 통곡하지 않는 것이 오히려 이상하지요.

엄청난 충격과 아픔을 경험하고 있는 사람에게 그러지 말라고 한들 그것이 가능할까요? 유난 떨지 말고 조용히 좀 하라고 말하는 것이 맞을까요? 상실에 대한 반응을 표현하는 데 어려움을 느끼는 사람들에게는 이것이 또 다른 폭력이 될 수 있습니다. 당시에 그 감정이 제대로 해소되지 못한다면 아픔은 더 오래, 더 길게 남을 것입니다.

남편의 갑작스런 죽음을 굳세게 겪어낸 재클린이 이후 불행하고 파란만장한 인생을 살게 된 것도 어쩌면 그때의 슬픔을 제대로 해소하지 못해서가 아닐까 합니다. 일설에 의하면 재클린이 스캔들 많은 선박왕 오나시스와 재혼한 중요한 이유는 그가 자신의 아이들을 안전하게 지켜줄 만한 재력을 갖추었기 때문이라고 합니다. 겉으로는 담담해 보였던 재클린의 마음속에 남편의 죽음으로 인한 트라우마는 제대로 해소되지 못한 채 남아 있었던 것입니다.

그러나 마음껏 슬퍼하는 것이 옳다고는 해도 우리는 동시에 그것을 이겨내며 살아가야 합니다. 트라우마를 겪은 사람은 원하는 만큼 슬퍼해도 괜찮지만, 그 때문에 주위 사람들을 불편하게 하거나 사회 전체의 평안과 행복을 방해해서는 안 됩니다. 슬픔은 전염될 수 있기 때문이지요. 슬픔과 불안 등 부정적 경험을 한 사람이 집단에 받아들여질 때에는 그 반응은 집단적 반응으로 연결됩니다.

게다가 그러한 경험을 겪은 사람에게도 오래 슬퍼하는 것은 결코 좋은 일이 아닙니다. 그 사람의 슬픔이 어느 정도 깊은지를 남이 판단하기는 어렵습니다. 하지만 비정상적인 슬픔은 조절이 필요합니다.

비정상적인 슬픔이란 오랜 시간이 지나도 여전히 지나치게 슬픔에 빠진 나머지 삶의 방식 전체가 변화하는 경우로 볼 수 있습니다.

고인의 유품을 치우지 않고 그대로 두면서 과거의 슬픔을 해결하려고 노력하지 않는 이들도 있습니다. 이런 사람들은 사소한 일에도 격한 반응을 드러내기도 하고, 자기 파괴적인 충동을 보이기도 합니다.

술이나 약물에 의존하기도 하고 일상생활에서도 여러 가지 생존 욕구를 충족시키지 못하기도 합니다. 영양 섭취와 수분 섭취가 제대로 이뤄지지 않고, 운동과 휴식도 잘 하지 않으면서 일상이 망가지게 되지요.

마음껏 슬퍼하는 것은 좋지만, 그것이 비정상적 슬픔으로 이어지지 않도록 해야 합니다. 회사에서는 구성원이 소중한 사람과 사별하게 되는 경우 며칠 휴가를 주고, 마치 아무 일도 없었다는 듯 본래 업무로 복귀시키는 것이 관행입니다. 여기에 바로 그런 관점이 반영되어 있다고 볼 수 있습니다. 너무 오래 슬픔에 빠져 있지 않도록 하는 것이지요.

슬픈 일에 슬퍼하는 것은 괜찮습니다. 남의 눈치를 볼 일이 아닙니다. 그러나 자신을 망가뜨릴 정도로 오래 또는 깊이 슬픔에 빠지지는 말도록 합시다. 다시 힘을 내야 합니다. "산 사람은 살아야 한다"라는 말은 뻔하지만 결코 틀린 말이 아닙니다.

파울 클레, 〈별이 된 아이들〉, 종이에 수채와 연필,
32.4×48.3cm, 1923년

이 그림이 어떤 내용을 담고 있는 것 같은가요? 보는 사람마다 다양하게 해석할 수 있는, 숨은 그림 찾기와도 같은 작품입니다. 저는 맑고 순수한 영혼을 지닌 어린아이들이 우주 공간에 떠 있는 것처럼 보입니다. 별을 따려고 하는 건 아닐까요?

작품에 주로 쓰인 노란색과 갈색은 희망과 치유의 느낌을 주는 색입니다. 따스한 갈색과 노란색이 교차되어 전반적으로 안정적인 분위기입니다. 정적이지만 인물들의 움직임은 동적입니다. 화면 분할과 함께 유사한 색이 겹쳐져 있어, 상당히 경쾌하면서도 가벼운 느낌을 줍니다. 파울 클레Paul Klee는 "예술은 보이지 않는 것을 보이게 만든다"라는 말을 남겼습니다. 눈에 보이는 것을 그대로 표현하는 게 아니라 그림을 통해 자신의 내면을 표현하는 게 더 중요하다는 의미이겠지요. 또한 다소 절망적인 것 같아 보이는 어떤 상황에서도 빛나는 것들은 분명 있다는 말이기도 하지요.

# 슬픔을 긍정적으로 분출하는
# 아홉 가지 방어기제

●

미해결 감정은 심리적·신체적 증상을 만들어낸다고 했습니다. 이것은 환경에 적응하기 위한 우리 몸의 생존 전략이지만, 부정적인 방향이라는 점은 분명합니다. 증상을 치료하기 위해서는 환자 스스로 부정적인 방어기제Defense Mechanism를 자각해 긍정적인 방어기제를 사용하는 것이 가장 좋습니다.

방어기제란 자아가 위협받을 때 상처로부터 스스로를 보호하기 위해 무의식적으로 나타내는 심리 의식이나 행위를 말합니다. 상황을 다르게 해석하거나, 스스로를 속이는 등의 행위가 여기에 속합니다. 그중에서도 긍정적 방어기제는 '성숙한 방어기제'라고도 하는데 본능과 도덕성, 양심이 충분히 조화를 이루는 상태를 말합니다.

긍정적 방어기제를 활용하기 위한 출발점 중에서 가장 중요한 부분은 증상의 의미를 해석하는 것입니다. 치료하는 사람들은 환자가 지금 보이고 있는 심리적·신체적 증상 자체가 아니라 그 증상이 왜 나타나는지에 주목합니다. 즉, 증상의 의미를 분석해서 원인을 치료합니다. 긍정적 방어기제를 적절히 활용하면 심신의 건강을 지킬 수 있는 좋은 수단이 됩니다. 긍정적 방어기제에는 다음과 같은 것들이 있습니다.

- **승화** 스포츠, 취미 생활, 봉사 활동 등을 통해 심리적 에너지를 표출하는 방법입니다. 종목은 경쟁적인 것보다는 수영이나 달리기, 등산 등 비경쟁적인 종목을 권합니다.
- **웃음** 정서적 카타르시스에 탁월한 기제입니다. 또, 타인에게 피해를 주지 않으면서 자신을 지켜낼 수 있지요.
- **눈물** 눈물은 감정의 통로로 잘 알려져 있습니다. 특히 장례식에서 유족들의 눈물은 슬픔을 치유하기 위한 중요한 과정입니다.
- **수용** 무의식적으로 감정을 억압하는 대신 자신의 문제를 자각하고 그것을 인내하기로 선택하는 방법입니다.
- **말하기** 모든 말하기가 치료적 효과가 있는 것은 아닙니

다. 고함을 지르며 공격하거나 멸시하는 말과 같은 것은 일시적으로 시원함을 느낄 수 있지만, 관계를 해치기 때문에 역효과를 초래할 수 있습니다. 그보다 좋은 말하기는 '너는 어떻다'가 아니라 '나는 이렇다'의 방식으로 말하는 '나 전달법' 기술을 사용해 상황을 묘사하고, 자신의 느낌이나 원하는 바를 진솔하게 이야기하는 것입니다.

- **예술 활동** 승화와 유사한 방식으로, 자신의 심리적 에너지를 미술이나 음악, 연극, 무용, 놀이, 기타 예술적인 매체를 통해서 나타내는 방식입니다.

- **글쓰기** 글을 통해 자신의 진솔한 감정을 솔직하게 표현하는 것입니다. 나에게 상처를 준 상황, 그때 느꼈던 감정, 지금 그 사건이 미치는 긍정적 영향과 부정적 영향, 부정적 영향을 줄이는 방법 등을 자유롭게 써봅니다.

- **이타주의** 나의 욕구보다는 타인의 욕구를 신경 쓰는 것을 말합니다. 봉사 활동을 하면서 다른 사람을 도우며 자신에 대한 만족감을 얻습니다.

- **예측하기** 예기Anticipation라고 합니다. 미래에 다가올 고통이나 위험에 대해 예측하고 대비를 위한 계획을 세우는 것을 말합니다.

긍정적 방어기제를 발휘하는 것은 고통에 대해 능동적으로 대처하는 것을 말합니다. 고통이나 시련 등이 왔을 때 긍정적인 에너지로 받아들여 힘든 상황을 좋은 방향으로 전환하는 능력이 뛰어나면 일반적인 사람보다 행복할 확률이 높아집니다. 좋은 마음의 습관으로 긍정적 방어기제를 발휘하는 훈련이 필요합니다.

한스 폰 마레스,
〈노 젓는 사람들〉,
캔버스에 유채,
136×166.5cm,
1873년

한 배를 탄 사람들이 같은 방향을 향해 서로 힘을 모아 어딘가로 가고 있는 모습을 표현한 작품입니다. 노를 젓는 사람들의 행색이 그림에서는 그리 넉넉해 보이지 않네요. 선두의 푸른색 와이셔츠를 입은 남자는 정면을 똑바로 응시하면서 노를 젓는 중이고, 그 남자의 옆 사람은 노 젓기에 집중하고 있는 동료를 쳐다보고 있습니다. 뒤쪽으로 자리 잡은 두 사람은 아래를 내려다보며 노를 젓고 있는데 조금은 지친 기색입니다. 인물 표현으로 화면을 가득 채운 작품입니다.

인물의 표정과 몸짓이 화면에서 가장 많이 부각됩니다. 뒤쪽의 사람들은 셔츠를 입은 남자에 말없이 동조하는 사람들을 대신하며, 앞줄에서 노를 저으며 옆 사람을 응시하는 남자는 정면을 응시하는 남자의 눈치를 보는 듯 느껴집니다. 힘과 속도감이 느껴지는 이 모습을 보면 힘들어도 나 한 사람 때문에 속도를 늦추어달라고 말할 수 없을 것 같네요. 지금 나의 삶도 이렇지는 않나요?

# 눈치 보느라
# 감정을 숨겨야 할까

●

튀는 색깔의 옷이 좋지만, 입으면 사람들이 이상하게 생각할 것 같아 입을까 말까 망설인 경험. 슬프고 답답해서 눈물이 나는데 주위 사람들의 시선 때문에 울음을 삼킨 경험. 나는 김치찌개가 먹고 싶은데 다른 사람들이 자장면을 먹으러 가자고 해서 아무 말 없이 따라간 경험. 누구나 한번쯤 겪어봤을 일들입니다.

타인의 눈치를 보거나 의견에 동조하는 것은 우리 삶에서 매우 자주 일어나는 일입니다. 사회심리학자인 레온 페스팅거 Leon Festinger는 사람은 '사회비교 과정Social Comparison Process'을 통해 자신의 행동 방향을 결정한다고 했습니다. 다시 말해 나와 타인을 비교함으로써 타인을 해석하고, 그에 비춰 내가 어떻게 행동할지 정한다는 뜻입니다.

이러한 과정을 거치는 이유는 두 가지로 설명할 수 있습니다. 첫째, 우리는 어떤 행동이 옳고 적절한지 알기 위해 타인의 정보에 의존하기 때문입니다. 둘째, 우리가 타인의 의견을 듣는 것이 후에 좋은 결과를 가져다줄 것이라고 기대하기 때문입니다. 즉, 동조를 하면 자신에게 이득이 될 수 있다는 기대를 가지고 눈치를 본다는 것입니다.

하지만 불이익을 피하기 위해 눈치를 보거나 다수 의견에 동조하는 경우도 발생합니다. 이것을 '집단 동조 압력Pressure for Conformity'이라고 하는데, 직접적으로든 암시적으로든 집단이 개인에게 기대하는 것이 무엇인지를 의식함으로써 생각이나 느낌을 자유롭게 표현하지 못하는 것을 말합니다.

관계성을 중시하고 집단의 조화를 강조하는 집단주의 문화권에서 동조성은 미덕으로 간주되기도 합니다. 그러나 지나치게 동조하다 보면 내 마음이 아니라 타인의 마음에만 너무 촉각을 곤두세우게 되는 경우가 생깁니다. 동조의 압력이 내면의 목소리를 억누르는 것이지요.

그래서 다른 사람의 기대를 너무 고려하거나, 불의를 보고도 침묵하거나, 내 뜻을 밝히지 못하고 억누르기도 합니다. 내 생각이나 느낌을 제대로 표현하지 못하면 진정으로 나의 인생을 살고 있다고 느끼기 어렵습니다.

어떤 경우에는 잘못된 상황이라는 것을 인식하면서도 그대로 방치하거나 무시하게 됩니다. 지나친 동조성은 진실을 외면하거나 왜곡하는 오류를 범하게 만들기도 합니다. 그 때문에 생겨나는 부작용은 때로 심각한 상황을 초래하기도 하지요. 만약 내가 눈치를 자주 본다거나 집단에 쉽게 동조한다고 느껴진다면 대체 내가 속한 집단에서 강력한 힘을 발휘하고 있는 메시지가 무엇인지를 살펴볼 필요가 있습니다.

그런데 무조건 동조하는 것도 문제지만, 무조건 동조하지 않는 것도 문제일 수 있습니다. 따라서 우리는 적절한 때에 적절하게 동조하는 법을 익혀야 합니다. 그 행동이 어떤 이유로 어떤 과정을 통해서 일어났으며 나에게 어떤 것을 의미하는지 되새기고, 나의 자율성을 지키면서 다른 사람과 조화롭게 살 수 있을지 고려하는 것이 적절한 동조라고 볼 수 있습니다.

훌리오 로메로 데 토레스, 〈운세〉, 캔버스에 유채,
106×163cm, 1922년

트라우마는 아픈 기억의 한 조각입니다. 이 한 조각으로 인해 사람이 온전한 제 기능을 발휘할 수 없게 되지요. 이걸 녹일 수 있는 것은 따뜻함, 긍정적인 지지와 격려, 따스한 위로와 공감뿐입니다.

그림 속 인물들은 마주 앉아 있지만 시선을 돌리고 있는 사람은 대화에서 공감을 느끼지 못하고 있습니다. 오른쪽에 앉은 소녀는 즐거운 게임을 유도하는 것 같은데, 왼쪽 소녀는 본인만의 생각에 빠져서 그 어떤 위로의 말과 행동에도 마음이 움직이지 않는 것 같네요. 이처럼 트라우마로 인해 왜곡된 자아상이 일상에서도 불쑥 찾아와 괴롭히면 제3자의 잘못된 위로는 이전보다 더 큰 상처가 될 수 있습니다. 그렇기에 상황에 맞는 적절한 대응이 필요합니다. 상대가 내게 충분히 공감하고 도움을 요청할 때까지 기다리는 자세도 중요합니다.

# 함부로
# 위로하려 들지 말라

●

누군가를 위로하는 것은 쉬운 일이 아닙니다. 우리는 무의식적으로 트라우마를 겪은 사람이나 그 사건으로 인해 가까운 이와 사별한 사람들에게 위로의 말을 건네고 싶어 하지만, 의도와는 다르게 별 도움이 되지 않는 말을 하고는 합니다. 이런 식의 별로 도움이 되지 않는 위로는 크게 다음과 같이 분류할 수 있습니다.

- 이미 경험한 상실을 최소화해서 말하려는 시도
- 경험하고 있는 강력한 비탄 반응을, 그렇게 느끼지 말거나 최소한 공공연히 표현하지 말라고 조언하는 일

- 빨리 일상을 회복해서 다른 사람을 불편하게 하지 말라
  는 요구

구체적인 예를 들어 살펴볼까요? 뜻하지 않은 사고로 아이를 잃은 사람이 있다면, 당신은 어떤 위로의 말을 건네겠습니까? 아마 이런 식으로 위로하는 사람들이 많을 것입니다.

"네 아기는 죽어서 하늘의 천사가 됐을 거야."
"아이는 언제라도 가질 수 있어."
"아직 젊으니까 충분히 이겨낼 수 있을 거야."
"지금까지도 잘해왔잖아."

그러나 이런 종류의 위로는 앞서 말한 세 가지 유형 중 첫 번째에 속합니다. 이미 경험한 상실을 애써 최소화해서 말한다 해도 달라지는 것은 없습니다. 내가 아이를 가진 것은 하늘의 천사를 만들기 위한 것이 아니고, 다른 아이가 있다 한들 죽은 아이를 대체할 수는 없습니다. 또 아직 젊으니까 이겨낼 수 있다고 말한들 달라지는 것은 없고 내 상실감이 줄어드는 것도 아닙니다. 지금까지 잘해왔다는 말은 그 자체로 내가 잃어버린 것에 대해 고통을 느끼게 만듭니다. 이런 식의 위로는

마치 네가 겪은 상실이 그다지 중요하지 않거나, 그 상실을 다른 존재로 충분히 대체할 수 있다는 사실을 의미하기 때문이지요.

어떤 사람들은 다음과 같은 위로의 말을 하기도 합니다.

"강해져야 해. 어금니를 꽉 물어."
"괜찮을 거야. 그렇게 화내지 마. 얼굴에 미소를 지어봐."
"이제는 네가 이 집의 가장이야."
"왜 아직도 그러니? 그건 이미 오래된 일이잖아."
"너는 일상과 일로 돌아가야 하고, 그것을 잊어야 해."

이런 식의 위로는 슬픔이나 부정적인 감정을 억압하라는 뜻이기도 하고, 잃어버린 사람에 대해 그만 생각하라고 말하는 것이기도 합니다. 마찬가지로 결코 좋은 위로의 방식은 아닙니다.

어떻게 말하는 것이 비탄에 빠진 사람들에게 도움이 될까요? 상담전문가 토머스 에드워드 스미스Thomas Edward Smith는 이에 대해 다음과 같이 조언하고 있습니다.

첫째, 상실을 경험한 직후에 그에게 무언가 구체적인 도움을 주거나, 도울 의사가 있음을 알게 해주세요. 가족을 대신해서 주변에 사건을 알려주는 일, 전화를 받아주는 일, 번거로운 잡일을 대신 해주는 일 등이 여기에 해당합니다.

둘째, 혼자 있고 싶어 한다면 그 마음을 존중해주세요.

셋째, 장례식에서 구체적인 방식으로 도움을 주세요. 음식을 차리거나, 세탁을 해주거나, 함께 술을 마셔주는 전통적인 방식이 여기에 해당합니다.

넷째, 장례식 후 어려운 시기가 찾아왔을 때 그와 만나는 일을 피하지 마세요.

다섯째, 일부러 조심할 필요 없이 사망하기 전과 마찬가지로 고인의 이름을 일상적으로 부르거나 언급해도 괜찮습니다.

여섯째, 그가 고인에 대해서 말하고 싶어 하거나 반대로 말하고 싶어 하지 않는다면 그 결정을 존중해주세요.

일곱째, 그가 대답할 수 없는 질문을 하지 말고, 심적으로 어려운 상황에 놓였다고 해서 종교적·철학적 믿음을 강요하지 마세요.

여덟째, 설령 나 역시 비슷한 경험을 해봤다 해도 "네가 어떻게 느끼는지 알아"라고 말하지 마세요. 완전히 똑같은 일을 당하지 않는다면 그 감정을 결코 알 수 없습니다.

아홉째, 그가 원한다면 당신을 언제든 만날 수 있게 해주

고, 애도 기간 동안 그 사람이 나름대로의 애도 방식을 찾을
수 있도록 배려해주세요.

소중한 이를 잃은 사람이 깊은 슬픔을 느끼고 있는 경우,
우리는 그 옆에 다가가는 것이 적절한 것인지를 몰라 망설이
곤 합니다. 하지만 아무것도 하지 않는 것보다는 도와주는 것
이 더 낫습니다. 다만 도와주려고 노력은 하되, 상투적인 말과
진부한 이야기를 늘어놓지는 않는 게 좋습니다.

무슨 이야기를 해야 할지 모르겠다면 그냥 솔직히 "네게
무슨 이야기를 해야 할지 모르겠어" 또는 "어떻게 도와줘야 할
지 모르겠어"라고 말하거나 "내가 지금 무엇을 해야 할까?"라
고 말하는 것만으로 충분합니다. 그리고 구구절절 말하는 것
보다 함께 울어주는 것이 더 도움이 될 때도 있습니다.

한스 앤더슨 브레데킬드, 〈가을의 오솔길〉, 캔버스에 유채,
69.8×91.4cm, 1902년

# 4장 　구체화하기

## 어떻게
## 달라질 것인가

월터 랭글러, 〈고아〉, 종이에 수채,
66×87.5cm, 1899년

어린 소년은 오랜 시간 굶주린 채로 밖에서 떨고 있었던 것 같습니다. 소년은 이 분위기가 낯선지 다소곳이 앉아서 음식을 먹고 있습니다. 할머니와 아주머니는 안쓰러운 눈빛으로 아이를 바라봅니다. 인자한 느낌의 두 사람 덕분에 그림 속 집은 비록 가난하지만 따스한 온정이 넘치는 곳 같습니다. '고아'라는 제목 없이도 두 사람이 소년의 원래 보호자가 아니었음이 짐작됩니다. 부모를 여의고 갈 곳 없는 어린아이를 말없이 보듬는 모습이 푸근합니다.

아마도 소년이 자신의 힘으로 잘 살아갈 수 있을 때까지 시간이 걸리겠지요. 연약한 사람이 변화하는 것을 지켜보는 일은 인내를 요합니다. 누군가가 잘 성장할 수 있도록 지지해주는 것은 값진 일입니다. 필요한 순간에 지지를 받는 것 또한 중요하지요.

# 아픈 만큼이 아니라
# 아픔을 극복한 만큼 성장한다

●

'아픈 만큼 성장한다'라는 말을 많이 들어보셨지요? 아픔이 너무 많고, 그 아픔까지 상품화가 되는 요즘 세상에선 이 좋은 말조차 왠지 식상한 위로로 들릴 때가 있습니다. 그런데 정신 치료에서는 '아픈 만큼 성장한다'라는 것을 실제로 보여주는 개념이 있습니다. 바로 외상후성장PTG, Post-Traumatic Growth입니다. 외상 사건을 겪고 트라우마를 입었더라도 그것을 극복하기 위해 노력한 결과 정신적 성장을 얻게 되는 것을 뜻합니다. 단지 트라우마 이전의 수준으로 돌아가는 것만을 의미하는 게 아니라, 그 이상의 초월적 변화를 경험하는 주관적이고 긍정적인 심리 변화이죠.

아픔을 겪는다고 무조건 성장하는 것은 아닙니다. 아픔을 어떻게 받아들이고 극복하느냐에 따라 한 단계 더 성장할 수도 아닐 수도 있습니다. 뼈를 깎는 아픔을 자기 성숙의 기회로 삼는 사람이 있는가 하면, 제대로 극복하지 못하고 평생 트라우마 속에서 살아가는 사람도 있습니다. 그러니 엄밀히 따져보면 '아픈 만큼 성장한다'보다는 '아픔을 극복한 만큼 성장한다'가 더 맞는 말입니다.

아픔을 극복하고 외상 후 성장을 이루기 위한 첫 단계는 자신이 느끼는 불안감, 우울감, 죄책감을 있는 그대로 받아들이는 것입니다. 가족이나 친구 등 주변 사람들도 이들이 외상적 사건 이후의 감정들을 자연스럽게 받아들일 수 있도록 지지해주는 것이 중요합니다. 이렇게 있는 그대로를 받아들일 준비가 됐다면, 트라우마를 외상 후 성장으로 바꾸는 방법은 의외로 간단할 수 있습니다.

**첫째, 자신을 도와줄 수 있는 사람들과 마음의 고통을 함께 나눌 것.** 상처받은 마음을 숨기지 말고, 가까운 사람이나 믿을 수 있는 사람에게 감정을 털어놓고 도움을 받으세요. 그 과정에서 내가 얼마나 중요한 사람인지 알게 되고, 외롭지 않다는 사실도 알게 됩니다.

**둘째, 두려운 기억을 피하지 말 것.** 고통스러운 기억은 억누를수록 더욱 생생하게 떠오릅니다. 오히려 더 좋았던 기억을 되살리고, 나는 잘 해나갈 수 있다고 믿으세요. 그리고 고통스러운 기억에 대한 해결책을 생각해보세요. 점차 고통은 줄어들고 무언가 할 수 있다는 느낌을 받을 것입니다.

**셋째, 일상적인 생활을 계속해나가려고 노력할 것.** 자신이 맡은 일을 계속하고, 새로운 사람을 만나는 등 일상의 경험들이 고통으로 얼룩진 기억들을 희미하게 만들 것입니다.

**넷째, 술과 담배로 잊으려고 하지 말 것.** 고통스러운 기억을 잊는 데 술과 담배가 일시적으로 도움이 될 수는 있습니다. 하지만 나중에는 그 기억을 더 증폭시킵니다. 그래서 자꾸만 술과 담배를 반복하게 되고 결국은 건강을 해치게 됩니다.

**다섯째, 규칙적으로 운동을 할 것.** 적당한 신체적 활동은 긴장과 불안을 줄입니다.

**여섯째, 뒤집어 생각해볼 것.** 이른바 '역설적 사고'입니다. 불행할 수밖에 없는 상황에서도 희망을 찾아내는 것이지요. 예를 들어 '위기危機란 위험(危)과 기회(機)를 합친 말이다'라는 생각은 역설적 사고에 해당합니다.

**일곱째, 마음의 고통이 심하다면 조기에 전문가 도움을 받을 것.** 혼자서 끙끙대기보다는 가까운 의료기관이나 센터를 방문하여 상담하는 편이 훨씬 낫습니다. 충격이 심하면 정신

장애로 이어질 수 있으므로, 전문적 도움을 받아 이를 조기에 예방해야 합니다.

우리가 오해하지 말아야 할 중요한 사실이 있습니다. 트라우마를 극복해야 행복해지는 게 아니라 행복해져야 트라우마를 극복할 수 있다는 사실입니다. 아픈 상처를 안고 살아가기가 쉽진 않지만 그 아픔에 파묻혀 지낸다고 달라지는 것은 없습니다. 늘 행복해지기 위해, 긍정적 정서를 갖기 위해 노력해야 하는 이유가 여기에 있습니다.

긍정적인 정서가 높은 사람들은 자아 확장력이 높아집니다. 봉사나 선행을 베풀 가능성도 높아지고, 친절해지며, 관계 맺기에 적극적이 됩니다. 흔히 말하는 '더 좋은 사람'이 되는 것입니다. 뿐만 아니라 긍정적인 정서가 높은 사람들은 새로운 것을 추구하는 경향이 강합니다. 무언가 새로운 것을 찾으려는 진취성과 도전 정신이 크지요. 행복하고 긍정적인 사람에게 더 많은 기회가 찾아올 수밖에 없습니다.

주위에는 가끔 뛰어난 업무 수행 능력뿐 아니라 좋은 대인관계를 유지하는 사람이 있습니다. 누가 봐도 '저 사람은 성공할 것 같다'고 여겨지는 사람이지요. 그런데 이런 사람들은 특별히 지능이 높거나 남다른 기술이 있다기보다 중요한 일이 닥쳤을 때 긍정적이고 적극적으로 일하는 자세를 가진 경우가 많습니다. 업무나 시험, 강의, 발표 등의 과제가 주어졌을 때 새로운 도전을 즐거워하고 열심히 하는 사람들입니다. 이런 사람들일수록 성취 능력을 발휘합니다.

따라서 행복은 성공의 결과가 아닌 '성공에 이르는 길'이라고 봐야 합니다. 성공한 사람이 행복한 게 아니라, 무언가를 해나가는 과정에서 행복한 사람이 성공하는 것이기 때문입니다. 그러니 상처에서 벗어나 행복해져도 괜찮습니다. 행복하다는 것은 미안해할 일이 아닙니다.

토머스 설리, 〈쉼터 짓기〉, 목판에 유채,
31.6×24.4cm, 1856년

한 남자가 쓰러질 듯한 나무를 힘껏 밀면서 쉼터를 짓고 있습니다. 배경은 밝지 않은 무채색이지만 '쉼터 짓기'라는 제목에서는 따뜻함이 느껴집니다. 왼쪽 아래에서 들어오는 빛 덕분에 쉼터가 될 곳에 대해 긍정적인 생각을 갖게 됩니다. 쉼터라는 공간을 하나 만들기 위해서 그림 속 주인공은 힘을 조절하는 능력, 균형감 등 여러 가지 요소를 갖추어야 합니다. 나에게 필요한 요소들을 적절히 갖추고 그 요소를 활용하기 위해서는 시간과 용기가 있어야 하겠지요.

변화를 위한 가능성은 항상 열려 있습니다. 그렇지만 과거와 미래의 사이에 있는 현재를 충분히 즐기지 못할 때 우리는 스트레스에 시달립니다. 과거가 어두우며 미래가 불안하고 염려되더라도 지금의 과정을 잘 지키면 결과는 더 만족스러울 것입니다. 실패의 경험이나 미래를 두려워하지 않는 마음이 중요합니다. 아픔을 극복한 만큼 성장할 수 있다는 사실을 잊지 마세요.

# 스스로 감정의 변화를 이끄는
# 7단계

●

지금까지 이론과 활동을 통해 무의식 속에 쌓인 감정이 무엇인지 대강 파악하셨나요. 감정을 인식하고 나면 몇 가지 단계를 거쳐 정서의 변화를 유도할 수 있습니다. 부정적 감정을 자각, 의식하고 그것을 수용하여 변화하기까지의 단계를 알아봅시다.

1단계는 스스로를 분노의 감정과 동일시하는 것입니다. 불안, 초조, 두려움, 공포, 슬픔, 우울, 실망, 절망, 수치심, 죄책감 등 분노의 감정을 나타내고는 있지만 정작 우리 자신은 그 사실을 전혀 자각하지 못한 채 그저 감정에 휩싸여 있는 상태입니다.

2단계는 감정의 동일시에서 한 걸음 벗어나 감정을 의식하는 상태입니다. '아, 내가 지금 분노하고 있구나'라는 것을 아는 단계이지요. 불안, 초조, 두려움, 공포, 슬픔, 우울, 절망, 수치심, 죄책감 등의 감정도 마찬가지입니다.

3단계로 넘어가면 감정에 대한 인과 관계를 모색하게 됩니다. 내가 왜 나를 감정과 동일시하고 있는지, 즉 '내가 왜 이렇게 화를 내고 있지?'라고 스스로에게 질문하게 되는 상태입니다.

4단계에서는 감정에 대한 인과 관계를 인지하고 자각하게 됩니다. 즉, '내가 이런 까닭으로 화를 내고 있구나'라는 것을 알아차립니다.

5단계에서는 '감정의 동일시'로부터 벗어나 거리를 두게 됩니다. 감정을 관조하는 상태가 되는 것이지요. 즉, 어떤 사건이 발생하면 동일한 감정이 생기는 것을 깨닫고 똑같은 감정 패턴에서 벗어날 수 있습니다.

6단계에서는 내가 감정을 느끼게 만든 대상에 대해 정확하게 이해하게 됩니다. 동시에 감정을 충분히 조절할 수 있는 상태가 됩니다.

7단계에 이르면 감정을 느끼게 만든 대상과 내가 모두 이어져 있다는 것을 알게 됩니다. 이로 인해 전체적인 인과 관계를 의식하게 되고, 일체감을 느끼면서 드디어 안정적인 감정 상태에 접어들게 되는 것입니다.

이렇게 자신의 감정을 알고 그 감정을 말로 표현하며, 감정의 원인을 알아낸다면 나 자신과 타인에 대해 공감하고 서로가 어떻게 상호작용하는지 인식할 수 있습니다. 그러면 나도 알지 못하는 이유로 화를 내거나 짜증을 내거나 두려워할 이유가 없습니다. 나의 상태를 알게 되면 주변 사람의 마음을 헤아릴 수 있습니다.

아돌프 조셉 그라스, 〈거울을 든 소녀의 초상〉, 캔버스에 유채,
30.2×23.5cm, 1882년

페데르 세베린 크뢰이어, 〈스카겐 남부 해변에서의 여름 저녁〉, 캔버스에 유채,
126.5×178.7cm, 1893년

작가는 집에서 열린 파티가 끝난 후, 해변을 산책하는 사람들의 모습을 표현했습니다. 특히 하늘과 바다가 모두 푸르게 보이는 블루 시간의 그늘을 묘사했습니다. 작품에서 하늘과 바다의 경계가 모호하게 표현되어 있는 게 보이시나요? 수평선이 보이지 않는 표현 방식은 보는 사람으로 하여금 더 넓고 풍족한 푸른색을 경험하게 합니다. 또한 푸른색과 흰색이 주를 이루는 이 작품은 단순한 구도와 색채로 여백의 시원한 공간감을 느끼게 해주지요. 조용한 해 질 녘, 푸른빛을 가득 머금고 있는 해변에서 산책을 하면 잔잔한 파도 소리와 모래 밟는 소리만 들릴 것 같습니다.

해변을 걷고 있는 두 여인 중 모자를 쓴 여인의 팔이 왼쪽 여인을 감싸고 있는 듯 보입니다. 아픈 상처를 가지고 아무 일 없듯 일상생활을 한다는 것은 어려운 일처럼 느껴지고 나 자신에게 미안한 마음까지 듭니다. 그러나 사람은 일상을 함께하는 것으로 누군가를 위로할 수 있으며, 그와 동시에 위로받는 이도 치유를 경험하게 됩니다. 작품 속 여인들의 대화를 상상해본다면 우리는 스스로에게 위로의 문장을 건넬 수 있지 않을까요?

# 진정한 치유는
# 일상에서 이루어진다

●

트라우마를 극복하기 위해서는 우울이나 불안한 감정 등을 관리해야 하지만, 이를 위한 시간을 따로 내기는 현실적으로 어렵습니다. 하지만 일상생활에서 조금만 신경을 써도 부정적 감정에서 벗어나는 것이 쉬워집니다.

　**일상에서 실천할 수 있는 감정 관리 기술의 첫 번째는 대화입니다.** 가족이나 친구들과 대화를 나누는 것만으로도 감정을 순화하는 데 큰 도움이 됩니다. 대화하다 보면 전에 겪은 충격적 사건을 반복해서 말해야 한다는 것을 깨닫게 될 것입니다. 그래서 충격적인 일을 겪었을 때 우리가 가장 대화를 나누기 어려운 상대는 오히려 친구나 가족이 될 수 있습니다. 의

도했던 것이 아니라 해도 그들은 본의 아니게 당신을 아프고 화나게 만들겠지요.

그러나 내가 무엇을 하고 싶은지, 무엇을 그리워하는지 감정을 터놓고 말함으로써 가족과 친구들이 나를 도울 수 있도록 해야 합니다. 의사소통이 거의 없는 상황에서는 아무리 가까운 가족이라고 해도 나를 도울 수 있는 방법이 없습니다. 만약 가족이 어렵다면 주변에서라도 꼭 대화할 수 있는 사람을 찾아보도록 합시다.

**둘째, 고립되는 것을 피해야 합니다.** 슬플 때는 고립되기 쉽습니다. 그러면서도 고립된 느낌, 혼자라는 생각이 오히려 우리를 힘들게 하지요. 나를 도와줄 지지 그룹에 참여하는 것은 혼자가 아니라는 사실을 느끼게 해주고, 내가 느끼는 고통이 유난스러운 게 아니라 당연한 것임을 인식하는 데 도움을 줍니다.

책이나 인터넷을 통해 관련 정보를 찾는 것만으로도 도움이 됩니다. 뿐만 아니라 글을 쓰거나 그림을 그려서 감정을 표현할 수도 있지요. 나중에 내가 겪은 슬픔의 과정을 뒤돌아볼 수 있도록 기록을 남기는 것도 좋습니다.

**셋째, 업무를 무리하게 진행하는 것은 좋지 않습니다.** 슬픔에 빠진 사람은 예전 같으면 별로 어렵지 않게 해냈던 일도 잘

해내기가 어려울 수 있습니다. 일의 능률이 떨어질 뿐 아니라, 지치고 무기력하고 집중하기 힘든 상태가 될 테니까요. 그것이 당신을 더 힘들게 만들 수 있습니다. 당신의 상태를 인정하고 친구들에게 도움을 요청하고, 잊어버릴까 걱정되는 그러한 감정들을 메모해놓으면서, 하루에 해낼 수 있는 만큼의 일만 진행하는 것이 좋습니다.

**넷째, 신체적인 건강 상태를 챙겨야 합니다.** 안 좋은 일을 겪고 나면 마음과 정신뿐 아니라 신체적으로도 힘든 상황이 됩니다. 정신적 스트레스가 몸의 증상으로 나타나기 때문이지요. 육체적 스트레스를 줄이기 위해서는 가벼운 산책이나 마사지 등을 추천합니다.

**다섯째, 계획적으로 살아야 합니다.** 슬픔이라는 감정을 다룰 때 가장 어려운 부분은 통제되지 않는다는 점입니다. 그렇기에 스스로를 다잡지 않으면 통제되지 않는 감정에 휩쓸려 결국 빠져나오지 못하게 됩니다. 힘들더라도 계획적인 생활을 하는 것이 좋습니다. 오전에는 기본적인 일을 하고, 오후에는 운동을 하는 등 하루 일과를 계획해보세요. 그리고 스스로에게 고통으로부터 휴식할 수 있는 시간을 주면서 다만 몇 시간 동안이라도 다른 곳에 집중할 수 있도록 합시다. 영화 감상 등 기분을 전환할 만한 일을 하는 것도 좋습니다.

여섯째, 행동하기 전에 잠시 기다리세요. 트라우마와 관련된 사진이나 옷 같은 물건을 볼 때면 마음이 아픈 나머지, 모두 없애고 싶은 생각이 들 수 있습니다. 하지만 감정이 완전히 정리되기 전까지 물건을 버리는 것은 좋지 않을 수 있습니다. 감정이 어느 정도 정리되면 무엇을 간직하고 싶은지 이성적으로 결정할 수 있습니다. 다른 것도 마찬가지입니다. 감정에 휩쓸려 충동적으로 행동하다 보면 나중에 후회할 일이 생길 수 있습니다.

일곱째, 만약 화가 치밀어올라서 어떻게 해야 할지 모르겠다면 육체적으로 표현할 수 있는 적당한 방법을 찾아보도록 합시다. 예를 들어 베개 등 부서지지 않을 물건을 세게 치는 것, 수건을 쥐어짜는 것, 수영장이나 바다에서 물장구를 치는 것 등 안전하면서도 감정을 표현할 수 있는 활동을 찾아보고, 행동하면서 소리를 함께 지르며 감정을 표출해보세요.

여덟째, 사별을 경험한 경우라면 고인을 잊으려 하지 말고 오히려 기억하는 방법을 찾기 바랍니다. 소중한 사람을 잃어버렸다면 처음에는 고인을 떠올리는 것조차 매우 고통스러울 수 있습니다. 하지만 시간이 지나면 오히려 달라집니다. 감정조절이 어려울 때 사진을 보거나, 고인을 회상하거나, 함께 갔던 곳을 방문해보는 것이 도움이 됩니다.

**아홉째, 눈물의 힘을 빌리는 것도 괜찮습니다.** 눈물은 다른 사람들에게 내가 도움이 필요함을 알리는 수단이 될 수도 있지만, 동시에 나의 마음을 가라앉히는 작용을 합니다. 울고 싶을 때 우는 것은 나쁜 일이 아닙니다.

**열째, 관련된 그림을 그리거나 글을 쓰면서 고인과 관련된 것들을 담아두는 추억 상자를 만들어보는 것도 안정을 찾게 합니다.** 카드, 꽃, 사진, 특별한 물건과 같이 귀중한 추억의 물품들을 보관하는 것이지요.

**마지막으로 열한 번째, 많이 웃으십시오.** 슬픈 일을 겪었다면, 특히 사랑하는 사람을 보낸 후라면 웃음이 나오지 않을 수도 있고, 웃는다는 것 자체로 죄책감을 느낄 수도 있습니다. 하지만 유머와 웃음은 나쁜 짓이 아니고, 오히려 슬픔에서 빠져나오기 위한 가장 좋은 방법입니다. 나를 기쁘게 해줄 과거를 회상하면서 슬픔으로부터의 휴식 시간을 가지는 것도 원기를 회복하는 데 도움을 줍니다.

조지 히치콕, 〈여행자들〉, 캔버스에 유채,
110.49×88.9cm, 1890년

산길을 걸어오는 여인의 품에 아이가 안겨 있고 한 손에는 짐까지 들려 있습니다. 목적이 있는 길인지 아닌지 알 수 없으나 힘든 길을 걸어오는 중임은 분명히 알 수 있습니다.

우리의 삶은 그 목적과 방향이 분명할 때가 있고 아닐 때도 있습니다. 또한 산길을 걷기도, 잘 다듬어진 길을 걷기도 할 것이며, 험한 길을 걸을 때도 있을 것입니다. 그림 속 여인처럼 책임져야 할 몫이 있을 수 있고 짊어지고 가야 할 짐이 있을 수도 있습니다.

이러한 과정들을 거쳐 목적지에 다다랐을 때, 또는 길의 끝에 마주했을 때의 기분은 어떠할까요? 결국 목적을 이루었다는 성취감과 함께 지나온 길들이 아픔보다는 추억으로 변화하는 경험을 하게 되지 않을까요?

# 부정적 감정을 이겨내기 위한 일곱 가지 활동

●

스트레스를 받으면 소화도 잘 안 되고, 몸이 피곤하고, 피부도 나빠지는 경험을 누구나 한번쯤 해보았을 것입니다. 몸과 마음이 연결되어 있다는 증거이지요. 마음이 편안하지 않으면 그 부작용은 신체적 증상으로 나타납니다. 반대로 마음이 편안하면 신체도 최고의 컨디션을 유지하고 면역력이 높아져, 가벼운 증상은 스스로 치유하는 능력이 생깁니다.

따라서 불안과 같은 부정적 감정을 해소하고 긍정적인 마음을 얻는 것은 건강한 삶을 위해서도 매우 중요합니다. 불안을 해소하는 방법은 여러 가지가 있는데, 각자 자신에게 맞는 방법을 활용하는 것이 좋겠지요. 대표적인 것 몇 가지를 알려

드리겠습니다.

- **미술치료** 미술이라는 창의적인 활동을 통해 감정적·정서적 문제를 표현하고 해소하는 방법입니다. 최근 들어 관심을 받고 있지만, 실제로는 1800년대부터 사용됐으니 역사가 깊습니다. 미술 작품 감상을 포함하여 그림 그리기, 색칠하기, 만들기 등의 활동을 합니다. 그림을 매개체로 내면의 감정을 자유롭게 표현하고 표출하다보면 스스로 불안과 갈등을 조절하고 자신의 감정을 인식하는 능력, 그리고 자기 통찰력을 갖게 되는 효과가 있습니다.

- **운동** 우리는 신체적 활동을 시작하고 나면 건강해진다는 느낌을 받습니다. 이는 뇌에서 엔도르핀을 방출하여 마음을 편안하게 만들어주고, 운동 후의 피로감을 만족감으로 바꿔주기 때문이지요. 실제로 몸이 건강해지면 몸의 저항력이 높아지면서 불안감이 주는 각종 증상들을 이겨낼 수 있습니다. 불안에 대해 좀 더 유연하게 대처하는 데 도움이 되기도 하지요. 하지만 너무 경쟁적으로 운동하는 것은 오히려 피로감과 불안감, 스트레스를 초래하므로 주의가 필요합니다.

- **음악 감상** 자신이 좋아하는 음악을 듣는 것은 불안감이나 스트레스 감소를 위한 효과적인 방법입니다. 재미있는 사실은 스트레스를 줄여주는 음악이나 기분을 좋게 만들어주는 음악이란 따로 없다는 것입니다. 불안 관리에는 어떤 특정한 종류의 음악이 아니라, 자기가 좋아하는 음악이 가장 효과적입니다. 취향에 맞지 않는 음악을 듣는 것은 오히려 스트레스가 될 테니까요.

- **산책과 산림욕** 걷는 것은 그 자체로 심리적 안정에 도움을 주는데, 숲속을 걷는 삼림욕은 더욱 효과가 좋습니다. 나무가 뿜어내는 피톤치드나 음이온이 심리적 안정에 도움을 주기 때문이지요. 특히 피톤치드라는 물질은 자율신경을 안정화하는 효과가 있어서 지친 심신에 활력을 줍니다. 또한 나뭇잎의 녹색은 눈을 편안하게 하고, 바람이나 자연물 등을 통해 느껴지는 감촉도 오감을 자극해 불안감을 해소시킵니다.

- **명상** 정신 집중을 포괄적으로 일컫는 말입니다. 요즘 많은 사람들이 스트레스를 이완하기 위해 명상을 활용하는 것 같습니다. 잡념을 비움으로써 신체적, 정신적, 감정적

균형을 맞추는 것이지요. 다양한 명상 방법이 있지만, 편안한 자세로 눈을 감고 근육을 이완시켜 호흡에 집중하는 것만으로도 충분히 효과를 볼 수 있습니다.

• **종교 생활** 부정적인 감정이나 정서는 왜곡된 사고로부터 비롯되므로 종교를 통해 사고의 변화를 도울 수 있습니다. 종교는 과거가 아닌 현재에 집중하여 앞으로 변화할 자신에 대한 새로운 사고를 하게 합니다. 이러한 신앙적 사고는 적극적인 치료사의 역할을 할 수 있으며, 심리적 접근은 물론 영적인 접근까지 다룰 수 있습니다.

• **여행** 일상생활을 벗어나 새로운 체험을 하는 것은 기분 전환에 도움이 됩니다. 여행은 낯선 장소와 환경을 만나게 하여 마음과 기분을 전환시킵니다. 과거 즐거운 기억으로 남은 여행 장소를 재방문하거나 새로운 장소를 찾아보세요. 몸을 움직이면서 부정적인 생각과 감정에 빠져 있는 시간을 줄여줄 수 있습니다.

어떤 방법이 가장 좋다고 말할 수는 없습니다. 사람마다 더 잘 맞는 방법이 있기 때문입니다. 이 책에서 다루는 내용은 미술치료, 그중에서도 누구나 쉽고 간단하게 할 수 있는 미술 활동과 관련된 것들입니다. 명화를 보며 자신의 감정을 대입하거나 긴장을 풀고, 자신의 마음을 들여다보며, 간단한 활동으로 표현함으로써 부정적 감정을 해소하고 긍정적으로 변환시키는 것이 목표입니다.

다시 한번 강조하지만, 얼마나 잘 그리느냐는 중요하지 않습니다. 그림을 그리면서 내 감정이 어떻게 변화하는지가 가장 중요한 포인트임을 잊지 마시기 바랍니다.

# 5장   극복하기

## 담대하게 받아들이고
## 성장하기

안톤 루돌프 마우베, 〈무리의 귀환〉, 캔버스에 유채,
100.17×161.29cm, 1887년

양의 무리가 양치기로 보이는 사람을 따라 지평선을 향해 가고 있는 모습을 표현한 작품입니다. 모노톤의 색감으로 담담하게 표현하여, 보는 이로 하여금 고요한 울림을 줍니다. 양들이 어딘가로 떼 지어 가듯, 인간도 트라우마를 겪은 뒤에 본래 자리로 돌아오려는 성질을 가지고 있습니다. 즉, 자연치유력이 우리 몸에도 있다는 것이죠. 이를 심리적 회복탄력성이라고 합니다.

본인이 겪었던 트라우마를 이겨내고 다시 원래의 위치로 돌아가기 위해서 가끔은 양치기 같은 존재가 필요할 때도 있고, 무리 속 양들과 같이 나와 함께해주는 사람들이 필요할 수도 있습니다. 내 주변에 있는 사람들을 내가 회복할 수 있도록 도와주는 지지자로 생각하고, 저 작품의 양 떼처럼 조용히 물가로 때론 우리가 쉴 수 있는 본래의 고향으로 찾아가는 것은 어떨까요?

# 일상으로 돌아가는 데도
# 용기가 필요하다

●

충격적인 사건을 경험하고 나면 겉으로 보기에는 아무 문제가 없는 듯하나, 마음속에는 엄청난 감정의 소용돌이가 휘몰아칠 것입니다. 그런 사람들에게 "이제 그만하고 네 삶을 살아"라고 충고하는 사람이 많지만, 아무렇지 않다는 듯 일상으로 돌아가는 것은 당사자에게 쉽지 않은 일입니다.

그럼에도 일상생활을 하기 위한 노력은 계속되어야 합니다. 과거에만 묶여서 앞으로 나아가지 못하는 것은 인생에 대한 기만이자 비극이기 때문입니다. 아프고 고통스러워도 용감하게 현재를 살아가야 하는 것이 우리의 인생입니다. 일상으로 돌아가는 것은 그 자체로 고달픈 인생을 회피하지 않고 정

정당당하게 맞겠다는 용기 있는 행동입니다.

트라우마를 잘 이겨내는 사람들은 현실을 그대로 직시하는 특징이 있습니다. 즉, 자신이 처해 있는 상황을 받아들이고 지금 필요한 것이 무엇인지를 생각하고 행동합니다. 그래서 막연한 미래를 기대하지 않고 지금 당장 할 수 있는 가장 작은 것부터 실천하지요. 일상을 찾기 위해 용기를 낸 분들을 위해 몇 가지 지침을 소개하고자 합니다.

첫째, 외상 사건 이후 학교나 직장에 복귀하는 날, 친한 친구나 동료에게 함께해달라고 부탁하면 큰 도움이 됩니다.

둘째, 나의 충격적인 경험을 친구나 동료들에게 말하고 싶은지 아닌지, 말한다면 어디까지 말하고 싶은지를 먼저 생각해본 후 그것을 미리 알리는 것이 좋습니다. 그러면 사람들이 뒤에서 수군거리는 것을 보고 다시 상처를 받지는 않을 것입니다.

셋째, 복귀한 첫날부터 하루 일과 전체에 참여하려고 욕심내지 말고 점차적으로 적응하는 것이 좋습니다. 학교라면 당분간은 오전 수업만, 직장이라면 일주일에 며칠만 일하는 식으로요. 이때는 평상시보다 집중력이 떨어져 있기 때문에 단기적이고 다루기 쉬운 일부터 시작하는 것이 좋습니다. 일을 통해 기분 전환을 할 수도 있지만 슬픔을 완전히 잊어버리기는 힘들 것입니다. 자신에게 산책이나 짧은 휴식 시간을 주어 슬퍼할 수 있는 시간을 가지세요.

물론 슬픔에는 정해진 규칙이 없기 때문에 사람마다 느끼는 바가 다르고 해결 방법도 다릅니다. 그러므로 이러한 지침 중에서 무엇이 효과적이고, 무엇이 나를 화나게 하고, 무엇이 더 필요한지 스스로에게 귀를 기울여 생각해보세요.

또 초기에 도움이 됐던 방법들이 몇 달 후에는 도움이 되지 않을 수 있습니다. 그 사실을 받아들이고 스스로에게 관대해지기 바랍니다. 나 자신에게 치료할 시간을 충분히 주면서 나아질 수 있다는 회복의 가능성을 믿어야 합니다. 슬픔에서 벗어나 나의 삶을 되찾으려는 당신의 용기에 박수를 보냅니다.

폴 시냑, 〈뫼동의 테라스〉, 캔버스에 유채,
70.2×88.6cm, 1899년

따스한 빛이 사방을 감싸고 있습니다. 나무와 꽃, 하늘빛 때문에 평화롭기까지 합니다. 뿐만 아니라 높은 곳에서 바라본 탁트인 전망이 가슴속까지 시원해집니다. 잊고 있었던 자연의 아름나움을 일깨우는 이 그림은 프랑스 인상주의의 대가 폴 시냑Paul Signac의 작품입니다. 그는 파리 남서쪽 교외인 무동의 높은 테라스에서 바라본 풍경을 묘사했습니다. 이 아름다운 풍경이 그림에 생명력을 불어넣고 있습니다.

바쁘게 지내느라, 혹은 슬픔 속에 숨어 있느라 일상의 아름다움을 놓치고 있지는 않나요? 걸으면서 때로는 멈춰 서서 자연을 느껴보세요. 여름의 폭우와 겨울의 매서운 추위를 겪은 뒤 다시 봄으로 돌아옵니다.

자연과 마찬가지로 인간도 트라우마를 겪은 뒤에 본래 자리로 돌아오려 합니다. 즉, 자연치유력이 우리 몸에도 있다는 것이죠. 아픔을 정리하고 일상으로 돌아가는 과정에서, 우리는 어느새 성장한 자신의 모습을 발견할 수 있을 것입니다.

# 제자리를 찾아가는 힘
## '회복탄력성'

●

19세기 중반 프랑스의 신경생리학자 기욤 뒤셴Guillaume Duchenne
은 인간이 얼굴 표정을 만들 때 사용하는 42개의 얼굴 근육
중에서 특별한 두 개의 근육을 찾아냅니다. 바로 광대뼈 근처
에 위치한 큰광대근과 눈꼬리 근처의 눈둘레근입니다. 이 두
개의 근육이 특별한 이유는 웃음 때문입니다. 인간은 무려 19
가지 종류의 웃음이나 미소를 만들 수 있지만, 그중 정말 기쁠
때 나오는 표정은 단 한 가지뿐이라고 합니다. 바로 큰광대근
과 눈둘레근이 동시에 움직여서 만들어지는 웃음이지요. 얼굴
표정을 연구한 심리학자 폴 에크만Paul Ekman은 이 사실에 주목
해서 인간이 정말 기쁠 때 짓는 활짝 웃는 표정을 '뒤셴 미소

Duchenne's Smile'라고 이름 붙였습니다.

더욱 흥미로운 것은 버클리대학교의 리엔 하커L.Harke와 대처 켈트너D.Keltner 교수의 연구 결과입니다. 이들이 30년이나 되는 긴 기간 동안 추적 조사를 벌인 결과, 졸업 사진에서 '뒤셴 미소'를 지었던 사람들이 인위적인 미소를 지었던 사람들에 비해 병원에 간 횟수도 적었고 생존율이 높았던 것입니다. 결혼생활에 대한 만족도와 평균 소득 역시 높았습니다. 진심으로 웃을 줄 알았던 사람들이 훗날 더 나은 삶을 살고 있었다는 점이 밝혀진 것입니다.

마음에서 우러나는 환한 미소를 짓는다는 것은 이 사람들의 뇌가 긍정적 정서를 가지고 있다는 뜻이기도 합니다. 긍정적 정서는 회복탄력성Resilience의 원천이 됩니다.

회복탄력성이란 원래의 자리로 되돌아오는 힘, 즉 회복력 혹은 도로 튀어 오르는 탄력성을 뜻합니다. 심리학에서는 주로 시련이나 고난을 이겨내는 긍정적 힘을 의미하지요. 질병, 이혼, 경제적 어려움, 전쟁 등 스트레스 상황에 직면했을 때 문제를 극복하려 노력하고, 삶을 긍정적으로 바라보는 사람은 회복탄력성이 큰 사람입니다.

긍정심리학의 대가 마틴 셀리그만Martin Seligman에 따르면, 비관주의자들은 하는 일마다 안 된다는 생각을 한다고 합니다. 이렇게 습관적으로 부정적인 생각을 하는 과정을 '인지왜곡Cognitive Distortion'이라고 합니다. 인지왜곡은 뇌를 부정적 방향으로 세뇌시켜서 일상생활 전반에서 부정적인 모습을 보이게 만들고, 자신감도 떨어뜨립니다. 회복탄력성이 중요한 이유입니다.

신체의 면역력이 강하면 크고 작은 질환을 이겨낼 수 있습니다. 회복탄력성은 심리적인 면역력입니다. 크고 작은 수많은 일들이 날마다 벌어지고 그 때문에 우리는 항상 스트레스에 노출되어 있습니다. 비록 스트레스를 받았다 해도 금방 털어낼 수 있는 회복탄력성이 있다면 일상을 좀 더 긍정적으로 살아갈 수 있을 것입니다.

프레더릭 모건, 〈홍수〉, 캔버스에 유채,
139×120.5cm, 1897년

저런, 마을에 홍수가 났네요. 집의 대부분이 물에 잠긴 상태에서 젊은 엄마는 갓난아기를 품에 안고, 다른 아이는 그런 엄마에게 매달려 있습니다. 사다리를 밟고 지붕으로 올라갔지만 밀어닥친 물은 발밑까지 차올랐습니다. 엄마의 치맛자락을 붙잡은 채 안간힘을 쓰는 어린아이와 마을에 무슨 일이 벌어졌는지 모른 채 해맑게 웃고 있는 갓난아기, 근심 어린 눈으로 멀리서 다가오는 배에 시선을 고정하고 있는 엄마의 모습이 인상적입니다. 여인 혼자서 위급한 상황을 견뎌야 하기 때문에 그림을 보는 이에게도 긴장감을 늦추지 못하게 합니다.

삶에서 우리는 위기 상황에 놓인 누군가를 구하기 위해 그들과 함께 기다려야 하기도 합니다. 전문 지식을 가진 사람에게 도움을 구하고 누군가를 붙잡아야 되는 상황이 생길 수도 있습니다. 어떠한 상황이 되든지 우리는 그것을 견뎌내야 합니다. 잘 견뎌야만 지금의 슬픔과 충격에서 벗어나 나의 삶을 다시 찾을 수 있을 테니까요.

## 회복탄력성이 높은 사람들의
## 일곱 가지 특징

●

중요한 일을 앞두었을 경우 회복탄력성이 부족한 사람은 실패를 극도로 두려워합니다. 그래서 더욱 긴장하고 일을 그르칠 수 있습니다. 이럴 때는 오히려 잘 보이려는 욕심은 낮추고, 내 모습을 있는 그대로 보여주면 충분하다는 자신감을 높여야 합니다. 그래야 안심하고 당당하게 나를 표현할 수 있는 것입니다.

이처럼 우리가 어느 정도의 회복탄력성을 가지고 있느냐는 성공과 실패를 좌우한다고 해도 과언이 아닙니다. 회복탄력성이 높은 사람들에게는 공통적인 특징이 있습니다.

**첫째, 낙관적이고 긍정적입니다.** 이런 사람은 높은 수준의 자율성과 자기효능감이 있어서, 열심히 노력하면 내가 원하는 방향으로 상황을 주도할 수 있다고 생각합니다. 따라서 회복탄력성을 높이려면 자기 자신을 긍정적으로 바라보는 자세가 필요합니다. 진정한 행복은 자신의 강점을 발견하고 그것을 마음껏 발휘하면서 사는 것입니다.

**둘째, 자신의 실수에 민감하게 반응합니다.** 회복탄력성이 높은 사람들은 자신의 실수를 보다 잘 인식하고, 그것을 고치려고 시도합니다. 이것은 의식적으로 그렇게 행동하려는 게 아니라 무의식적인 상태에서 나타나는 현상입니다.

**셋째, 대체로 뛰어난 사회성을 지녔습니다.** 이런 사람들은 위기가 닥쳤을 때 주위 사람들로부터 많은 도움을 받게 되는데, 단순히 운이 좋아서가 아니라 평소에 대인관계를 잘 유지해왔기 때문입니다. 감성지수EQ의 창시자로 유명한 심리학자 다니엘 골먼Daniel Goleman은 이러한 능력을 사교적 지능이라고 했습니다. 다른 사람의 마음과 감정 상태를 빨리 파악하고, 깊이 이해하고, 공감하는 능력이 뛰어나기 때문에 좋은 인간관계를 맺게 된다는 것입니다.

공감에 대한 연구들을 살펴보면, 타인이 고통을 느끼는 것을 볼 때 우리의 뇌는 감각적 고통은 같이 느끼지 못하는 반면에 감정적 고통은 같이 느낄 수 있다고 합니다. 특히 사랑하는 사람이 고통을 당하는 것을 보면 나의 마음도 똑같이 고통스럽다는 것입니다. 만약 내가 공감 능력이 낮다고 생각되면 기도나 명상을 통해 차분히 생각을 해보는 것도 좋습니다. 공감은 다른 사람의 트라우마를 이해하는 것뿐 아니라 회복탄력성을 높이는 측면에서도 중요하기 때문입니다.

**넷째, 긍정적으로 해석하려고 노력합니다.** 분노는 회복탄력성을 방해하는 가장 큰 걸림돌입니다. 자신을 불행하게 만든 사건이나 사람을 어떻게 생각할 것이냐는 나의 해석에 달려 있습니다. 긍정심리학의 창시자 마틴 셀리그만은 똑같은 사건이 일어났을 때도 그것을 어떻게 해석하느냐에 따라 불행해지기도 하고 행복해지기도 한다고 했습니다. 우리에게 일어난 사건을 부정적으로 해석하면 할수록 우리는 더욱 불행해지는 것입니다.

**다섯째, 육체적으로도 건강합니다.** 몸을 움직이면 뇌가 건강해집니다. 운동은 우울증과 불안증을 극복하는 훌륭한 방법입니다. 운동을 하면 혈액 순환이 좋아지고 스트레스가 감소하기 때문에 정신 건강을 유지하는 데 도움이 되지요. 따라서 몸을 움직이는 것은 정신적인 회복탄력성을 높이는 데 효과적입니다.

**여섯째, 미래를 수동적으로 기다리는 것이 아니라 스스로 미래를 만들고 개척해나갑니다.** 내가 가장 잘할 수 있는 일을 통해 즐거움과 보람을 느낀다면 행복의 기본 수준을 끌어올릴 수 있을 것입니다.

**일곱째, 감사할 줄 압니다.** 학자들은 긍정적인 마음을 갖기 위한 최고의 훈련 방법은 바로 '감사하기'라고 말합니다. 불평, 불만을 감사하는 마음으로 전환할 때 회복탄력성이 높아집니다. 긍정성이 높아지면 남을 더 배려하고 기부와 봉사활동을 더욱 많이 하게 된다는 연구도 있습니다.

긍정성과 회복탄력성은 밀접하게 관계를 맺고 있습니다. 여러 가지 훈련을 통해 나의 긍정성을 높여 회복탄력성까지 높이는 것이 필요합니다. 이는 스트레스가 많은 현실 사회를 살아가기 위해서 나에게 집중하는 한 방법이기도 합니다. 마음의 근력, 행복의 원동력인 회복탄력성을 위해 꾸준히 노력한다면 더 건강하고 행복한 삶을 맞이할 수 있을 것입니다.

구스타프 클림트, 〈오버외스터라이히의 농가〉, 캔버스에 유채,
110×110cm, 1911~1912년

찰스 커트니 커란, 〈빛나는 하늘〉, 캔버스에 유채,
91.44×81.28cm, 1918년

맑고 푸른 하늘, 꿈처럼 피어오르는 뭉게구름이 눈과 마음을 맑게 해줍니다. 구름과 파란 하늘은 미국 화가 찰스 커트니 커란Charles Courtney Curran의 그림에 자주 등장해요. 시원한 바람을 맞으며 당당히 서 있는 그녀의 모습이 마음에 오래 남습니다.

산을 올라선 사람만이 누릴 수 있는 시원한 바람이 푸른 하늘과 구름과 어우러져 우리 곁에 다가오는 듯합니다. 오롯이 혼자 맞는 이 바람과 자유는 힘든 산을 오른 사람만이 얻을 수 있는 땀의 결과이지요.

우리는 늘 그랬듯이 하루하루 잘 살아내고 있습니다. 아픔을 딛고 일어서면 푸른 하늘과 바람이 '오늘 하루도 수고했다'고 어깨를 다독여줄 것입니다. 인생이라는 산을 넘어서다 보면 그 사이에 차츰 슬픔이 사라지거나 어려웠던 문제가 해결될 수도 있어요.

땀을 식혀주는 한 줄기 바람, 푸른 하늘과 마주할 나를 떠올려보세요. 인생의 큰 결실을 위해서는 현재의 아픔을 극복하고 성장해야 합니다. 나에게 더 친절해지세요. 완벽하지 않아도 괜찮아요. 그리고 나를 더 많이 안아주세요. 과거에 얽매이느라 반짝반짝 빛나는 지금을 잃어버리지 마세요.

# 다시 행복해지기 위한
# 연습을 하자

●

성공한 사람들의 일대기를 보면 대부분 어려움을 극복한 후에 성공을 이루었다는 점을 알 수 있습니다. 자신의 실력도 물론 있어야겠지만 난관에 부딪혔을 때 스스로 극복하는 힘, 회복탄력성도 있어야 합니다.

회복탄력성은 누구에게나 평등한 힘은 아닙니다. 어떤 사람은 강력한 데 비해 어떤 사람은 약하기도 합니다. 회복탄력성은 몸의 굳은살처럼 타고나는 것보다 후천적으로 몸에 익힌 힘입니다. 계속 반복함으로써 몸에 배이고 뇌에도 새겨지는 것입니다. 트라우마를 잘 극복하기 위해서는 높은 회복탄력성이 필요합니다.

회복탄력성을 높이기 위해서는 자기조절 능력과 대인관계 능력을 향상시켜야 합니다. 자기조절 능력은 감정조절력, 충동통제력, 원인분석력으로 나눌 수 있습니다. 감정조절력은 어려운 상황에 처했을 때 부정적 감정을 스스로 통제하는 것만이 아니라, 앞으로 나아가는 도전 의식을 가지고 평온함을 유지하며 필요할 때 긍정적 감정을 불러올 수 있는 능력을 뜻합니다.

충동 통제력은 감정에 쉽게 휩쓸리지 않고 갑작스런 욕구나 반응을 억제하는 능력입니다. 단순히 인내심이 강한 것과는 다르게 스스로 동기를 부여하고 조절하는 것까지 일컫습니다.

원인 분석력은 내가 처한 상황을 객관적으로 파악하여 해결 방안을 찾아내고, 이를 다른 이에게도 분명히 설명할 수 있는 능력입니다.

이외에 대인관계 능력도 필요합니다. 연구에 따르면 사람을 잘 사귀는 사람일수록 위기에 강하기 때문입니다. 어려움을 극복한 이들 주변에 항상 사랑과 신뢰를 보내는 든든한 지원자가 있는 것도 결코 우연이 아닐 것입니다.

생명윤리학자 스티븐 포스트Stephen Post 박사에 따르면 누군가에게 뭔가를 베푸는 행위는 행하는 사람에게도 긍정적 효과를 가져온다고 합니다. 그 후에 느껴지는 행복감은 콜레스테롤 수치를 낮춘다는 연구 결과도 있습니다. 도움받는 사람뿐 아니라 도와주는 사람에게도 좋은 감정의 호르몬들이 솟아 나옵니다.

실제로 남을 도울 때 분비되는 엔도르핀은 정상치의 세 배 이상이라는 하버드대학교의 연구 보고서도 있습니다. 친구가 많은 사람은 더 건강하고, 병원에 덜 가며, 심장병에 걸릴 확률이 낮고, 면역 체계도 튼튼하다고 합니다. 이를 헬퍼스 하이 Helper's High라고 합니다.

예수님은 "원수 갚는 것은 하늘에 맡기라"라며 오히려 원수를 위해 기도하고 잘해주라고 하셨지요. 조금 더 관대해진 태도로 인생을 산다면 한층 더 행복하고 건강하게 살 수 있을 것입니다.

· 권석만, 2008,《긍정 심리학》, 학지사.

· 김선현, 2009,《임상미술치료학》, 계축문화사.

· 김선현, 2012,《외상후스트레스장애와 임상미술치료》, 이담북스.

· 김정규, 1995,《게슈탈트 심리치료》, 학지사.

· 김주환, 2011,《회복탄력성》, 위즈덤하우스.

· 김준기, 2009,《영화로 만나는 치유의 심리학》, 시그마북스.

· 김선현, 2007, "동·서 미술치료의 비교연구", 〈임상미술치료학연구〉, 2(2), pp.99~103.

· 김선현·장영윤·김붕년·권복자·장은희, 2010, "충격적 사고를 목격한 아동에 대한 미술치료 사례", 〈한국학교보건학회지〉, 23(2), pp.143~150.

· 김선현 · 박정희 · 오홍근, 2011, "군 외상후 스트레스 의료지원 사례연구", 〈제7회 국방기술 학술대회(상)〉, pp.191~196.

· 김선현 · 백명재 · 우소정, 2013, "군 의료지원 임상미술치료 단일사례연구", 〈제9회 국방기술 학술대회〉, pp.176~181.

· 대한불안장애학회 재난정신의학위원회, 2004,《재난과 정신건강》, 지식공작소.

· 서호준·채정호, 2006, "외상 후 스트레스 장애에 대한 인지행동치료의 최근 동향", 〈인지행동치료〉, 6(2), pp.117~129.

· 신의진·엄소용·최의겸·송원영·오경자, 2004, "한번의 심각한 외상 경험을 한 학령 전기 아동의 발달정신병리", 〈신경정신의학〉, 43(2), pp.172~182.

· Mary Beth Wiliams~Soilo Pijula, 2009, 《외상후 스트레스 장애 워크북》, 신현균·김상훈·오수성 옮김, 학지사.

· 유지현·박기환, 2009, "소방공무원의 증상과 관련된 심리 사회적 변인들: 우울, 불안, 대처방식 및 사회적 지지를 중심으로", 〈한국심리학회지: 임상〉, 28(3), pp.833~852.

· 이수원, 1996, "올바른 부모역할, 올바른 자녀역할: 비교문화적 관점을 중심으로", 〈대학생활연구〉, 14, 한양대학교 학생처 한양상담센터, pp. 1~23.

· 이은진·이상복, 2007, "외상후 스트레스장애 아동을 위한 상담중심 미술치료 적용연구", 〈재활과학연구〉, 46(2), pp.131~152.

· 한국가족학회, 1994, 《현대가족과 사회》, 교육과학사.

· 정문용·정화용·유현·정혜경·최진희, 2001, "외상후 스트레스 장애 환자에서 해마용적과 기억기능", 〈생물정신의학〉, 8(1), pp.131~139.

· 조긍호·김은진, 2001, "문화성향과 동조행동", 〈한국심리학회지: 사회 및 성격〉, 29, pp.139~165.

· 채정호, 2004, "외상 후 스트레스 장애의 진단과 병태 생리", 〈대한정신약물학회지〉, 15(1), pp.14~21.

· 최광현, 2011, "장병 심리지원 체계의 필요성에 관한 제언", 〈주간국방논단〉, 1354, pp.11~14.

· 최상진, 2000,《한국인 심리학》, 중앙대학교 출판부.

· 최송식, 2010,《외상후 스트레스장애》, 공동체.

· 한규석, 2002,《사회심리학의 이해》, 학지사.

· 한성열, 2005, "한국인의 문화 특수성: 가족관계로 본 한국 문화의 특성", 가톨릭대학교 상담심리대학원 제5회 학술심포지엄.

· 하용출(편), 2001,《한국 가족상의 변화》, 서울대학교출판부.

· 홉스테드(Hofstede. G), 2014,《세계의 문화와 조직》, 나은영 · 차재호 옮김. 학지사.

· 캐시 A 말코오디(Malchiodi, Cathy A), 2000,《미술치료》, 최재영 · 김진연 옮김, 조형교육, pp.262~264.

· 빅터 프랭클(Viktor E. Frankl), 2005,《죽음의 수용소에서》, 이시형 옮김, 청아출판사.

· 조앤 보리센코(Joan Borysenko), 2011,《회복탄력성이 높은 사람들의 비밀》, 안진희 옮김, 이마고.

· 주디스 루이스 허먼(Judith Herman), 2012,《트라우마》, 최현정 옮김, 열린책들.

· Levin, Andrew, "The Effect of Attorneys' Work With Trauma~ Exposed Clients on PTSD Symptoms, Depression, and Functional Impairment: A Cross~Lagged Longitudinal Study", *Law and human behavior*, 36(6), pp.538~547.

· American Psychiatric Association, 1980, *Diagnostic and statistical manual of mental disorders*. 3rd ed, Washington DC: American Psychiatric Press.

· American Psychiatric Association, 1994, *Diagnostic and statistical manual of mental disorders*, 4th ed, Washington DC: American Psychiatric Press.

· Spring, D.(2004), "Thirty~Year Study Links Neuroscience, Specific Trauma, PTSD, image conversion and language translation, Art Therapy", *Journal of the American Art Therapy Association*, 21(4), pp.200~209.

· American Psychiatric Association, 2013, *Diagnostic and statistical manual of mental disorders*. 5th ed, Washington DC: Author.

· Archibald, H. C., R. D. Tuddenham, 1965, "Persistent stress reaction after combat", Archives of General Psychology, 12, pp.475~481.

· Blake, D. D., F. W. Weathers, L. M. Nagy, D.G. Kaloupek, G. Klauminzer, D. S. Charney et al, 1990, "A clinician rating scale for assessing current and lifetime PTSD", *The CAPS~I, Behavior Therapist*, 13, pp.187~188.

· Blake, D. D., F. W. Weathers, L. M. Nagy, D.G. Kaloupek, F. D. Gusman, D. S. Charney et al, 1995, "The development of a clinician~administered PTSD scale", *Journal of Traumatic Stress*, 8(1), pp.75~90.

· Bremner, J., S. Southwick, D. Charney, 1995, "Etiology of post~traumatic stress disorder", In M. Mazure(Ed.), *Does stress cause mental illness?*, Philadelphia: Saunders, pp.68~104.

· Bremner, J. D., M. Steinberg, S. M. Southwick, D. R. Johnson and D. S. Charney, 1993, "Use of the Structured Clinical Interview for DSM~IV Dissociative Disorder for systematic assessment of dissociative symptoms in posttraumatic stress disorder", *American Journal of Psychiatry*, 150(7), pp.1011~1014.

· Bremner, J. D., M. Vythilingam, E. Vermetten, S. M. Southwick, T. McGlashan, A. Nazeer et al, 2003, "MRI and PET study of deficits in hippocampal structure and function in women with childhood sexual abuse and posttraumatic stress disorder", *American Journal of Psychiatry*, 160(5), pp.924~932.

· Chae JH, Jeong J, Lee KU, W. M. Bahk, Jun TY, Lee C et al, 131, "Dimensional complexity of the EEG in paL.tients with posttraumatic stress disorder", *PSYCHIATRY RESEARCH-*

*NEUROIMAGING*, 131, pp.79~89

· Chapman, L. M., D. Morabito, C. Ladakakos, H. Schreier and M. M. Knudson, 2001, "The Effectiveness of Art Therapy Interventions in Reducing Post Traumatic Stress Disorder (PTSD) Symptoms in Pediatric Trauma Patients", *Art therapy*, 18(2), pp.100~104.

· Cohen, A. "Gestalt therapy and post~traumatic stress disorder", 2002, *The potential and its (lack of) fulfillment. Gestalt!*, 6(1), pp.21~28.

· Delaney, R. C., A. J. Rosen, R. H. Mattson and R. A. Novelly, 1980, "Memory function in focal epilepsy A comparison of non~surgical", *Cortex*, 16(1), pp.103~117.

· Ekman, L. L. 2002, *Neuroscience: Fundamentals for Rehabilitation*. 2nd ed, W.B.Saunders Company.

· Fischman, Y. "Interesting with trauma: clinician's responses to treating psychological after effect of political repression", 1991, *Am J Orthopsychiatry*, 61, pp.179~185.

· Foa E., L. Zoellner, N. Feeny, E. Hembree and J. Alvarez~Conrad. "Does imaginal exposure exacerbate PTSD symptoms". *Journal of Consulting S. Clinical Psychology*, 70(4), 2002, pp.1022~1028.

· Fredrickson, B. L, 2004, "The broaden~and~build theory of positive emotions", *Philosophical Transactions of the Royal society of London: Biological sciences*, 359(1449), pp.1367~1377.

· Hofstede, 1980, G. *Culture's Consequences: International differences in work~related values.* Beverly Hills, CA: Sage.

· Ford, Julian D, "Disorders of Extreme Stress Following War~zone Military Trauma: Associated Features of Post~traumatic Stress Disorder(PTSD) of Comorbid but Distinct Syndromes", *Journal of Consulting and clinical psychology,* 67(1), pp.3~12.

· Kessler, R. C., A. Sonnega, E. Bromet, M. Hughes and C. B. Nelson, 1995, "Post traumatic stress disorder in the national comorbidity survey", *JAMA Psychiatry,* 52(12), pp.1048~1060.

· Kilpatrick, D. G., H. S. Resnic, J. R. Freedy, D. Pelcovitz, P. A. Resick, S. Roth et al, 1998, "The post traumatic stress disorder field trial: evaluation of the PTSD construct~criteria A through E" In: Widiger, T., A. Frances, H. Pincus, R. Ross, M. First, W. Davis, M.

· Kline(Eds.), *DSM~IV sourcebook~vol 4.,* Washington DC: American Psychiatric Press, pp.803~844.

· Malchiodi, 2003, C. A. *Handbook of art therapy,* New York: Guilford Press.

· March, J. S, 1999, "Assessment of pediatric post traumatic stress dosorder" In: Saigh, P. A., J. D. Bremner(Eds.), *Post traumatic stress disorder,* Needham Heights: Allyn&Bacon, pp.199~218.

· Moser, M. B., M. Trommald, P.Anderson, 1994, "An increase in dendritic spone density on hippocampal CAI pyramidal cells following spatial learning in adult rats suggests the formation of new synapses", *Proceedings of the National Academy of sciences of the USA*, 91(26), pp.12673~12675.

· Henderson, J. L., M. Moore, 1944, "The psychoneurosis of war", *N Engl J Med*, 230, pp.274~278.

· Orr, S. P., L. J. Metzger and R. K. Pitman, 2002, "Psychophysiology of post traumatic stress disorder", *Psychiatr Clin North Am*, 25, pp.271~294.

· Pizarro, J, 2004, "The efficacy of art and writing therapy: Increasing positive mental health outcomes and participant retention after exposure to traumatic experience", *Art Therapy : Journal of the American Art Therapy Association*, 22, pp.5~12.

· Sadock, B. J., V. A. Sadock, 2003, *Synopsis of psychiatry*. 9th ed. Philadelphia: Lippincott Williams & Wilkins.

· Saigh, P. A., J. D. Bremne, 1999, "The history of post traumatic stress disorder" In: Saigh, P. A., J. D. Bremne(Eds.), *Post traumatic stress disorder*. Needham Heights: Allyn & Bacon, pp.1~17.

· Smith, S. H, 2005, "anticipatory grief and psychological adjustment to grieving in middle~aged children", *American Journal of Hospice & Palliative Medicine*, 22(4), pp.283~286.

· Tedeshi, R. G., L. G. Calhoun, 1996, "The posttraumatic growth inventory: Measuring the positive legacy of trauma", *Journal of Traumatic Stress*, 9(3), pp.455~471.

· Triandis, H. C, 1996, "The psychological measurement of cultural syndromes", *American Psychologist*, 51, pp.407~415.

· Tugade, M. M., B. L. Fredrickson, 2004, "Resilient individuals use positive emotions to bounce back from negative emotional experiences", *Journal of Personality and Social psychology*, 86, pp.320~333.

· Ulman, S. E., J. M. Siegel, 1994, "Predictors of exposure th traumatic events and posttraumatic stress sequelae", *Journal of Community Psychology*, 22, pp.328~338.

· van der Kolk, B. A., N, Herron and A. Hostetler, 1994, "The history of trauma in psychiatry", *Psychiatric Clinics of North America*, 17(3), pp.583~600.

# 다시는 상처받지 않게

나를 바꾸는 트라우마 치유북

ⓒ 김선현, 2023

1판 1쇄 인쇄  2023년 7월 21일
1판 1쇄 발행  2023년 7월 31일

지은이.  김선현
펴낸이.  권은정

펴낸곳.  여름의서재
등록.  제02021 - 92호
주소.  서울시 은평구 구산동 서오릉로 267, 504호
이메일.  summerbooks_pub@naver.com
인스타그램.  @summerbooks_pub

ISBN 979 - 11 - 982267 - 0 - 9      03190
값.  19,800원(별책 부록 포함)

나를
바꾸는
트라우마
치유북

# 다시는
# 상처받지 않게

별책 부록

김선현 지음

여름의서재

# 부정적 감정을 풀어주는
# 연필 한 자루의 힘

　누구나 스트레스를 받으면 자신을 보호하기 위한 장치를 가동하는데, 그 반응은 심리적·신체적인 측면 모두에서 나타납니다. 심리적으로는 불안함, 공포감, 불편함, 분노, 긴장, 짜증이 일어납니다.

　스트레스가 반복되면 이러한 반응들도 점차 습관이 되어 만성적인 불편을 겪습니다. 특히 강한 스트레스가 반복되면 정신질환이 생길 수도 있습니다. 의식적이든 무의식적이든, 정신질환 역시 자신을 지켜내기 위한 생존 수단이지요.

　해결되지 않은 감정들은 참는다고 없어지지 않습니다. 오히려 꾹꾹 참다가 한계에 다다르면 부정적인 행동으로 표출되기도 합니다. 그렇다면 온갖 스트레스 상황에 노출될 수밖에 없는 현대인들은 어떻게 대처해야 할까요?

다행히도 이러한 감정들은 쉽게 다른 방향으로 전환되는 경향이 있습니다. 이를테면 매우 화가 났거나 흥분했을 때 달리기나 수영처럼 격한 운동을 하면 도움이 됩니다. 신체활동을 통해 감정 에너지를 소진해버리면 더이상 부정적 감정이 남아있지 않다는 걸 느낄 수 있습니다. 그중에서도 미술 활동은 매우 큰 도움이 됩니다. 다양한 신체의 감각을 활용해 감정 에너지를 표출하고 소진할 수 있기 때문입니다. 외상을 직·간접적으로 경험한 사람들, 일상생활에서 과도하게 스트레스를 받는 사람들에게 미술치료가 효과적인 까닭입니다.

《나를 바꾸는 트라우마 치유북》은 글과 그림을 통해 나를 들여다볼 수 있도록 만들었습니다. 24개의 마음성장 노트로 이루어져 있으며 독자 여러분이 스스로 채워나가시는 본격심리워크북입니다.

안내글에 따라 글과 그림을 그리며 꽁꽁 싸매온 내면을 이미지화해보세요. 맨 마지막에는 안내글에 따라 그림을 미리 그려본 내담자들의 그림과 함께 저자의 피드백이 실려 있습니다. 내가 그린 그림과 어떻게 다른지 비교해보세요.

자, 이제 주위를 둘러보세요. 한 장의 종이와 한 자루의 필기도구만 있다면 당신의 마음도 조금 편안해질 수 있습니다.

# 나의 스트레스는 안녕한가요?

• 최근 나에게 가장 큰 스트레스를 준 상황을 떠올립니다.

• 당시 나의 감정을 그림으로 그립니다.

1. 스트레스 상황에 놓이면 나의 감정은

_____

_____

_____

2. 하지만 나는 나의 감정을 제대로 느끼지 못하고 무시할 때
가 많다. 상황을 묘사하자면

_____

_____

_____

3. 해소되지 못한 여러 감정이 뒤섞여 있는 나의 모습은

_____

_____

_____


**TIP** 스트레스 없이 살아가는 삶은 없습니다. 그렇다고 스트레스를 풀지 않고 지낸다면 스스로를 힘들게 할 뿐입니다. 상황에 짓눌려 내 감정을 뭉개고 지나가지는 않았는지 살펴보세요.

# 감정을 끄집어내봅시다

- 나의 감정과 마음에 집중해 현재 '나'를 나타낼 수 있는 단어를 적어봅니다.
- 떠올린 단어 중 가장 '나'를 잘 반영할 수 있는 단어를 골라 어울리는 이미지를 그립니다.

1. 처음에 표현하고자 했던 나의 모습은

2. 작품을 그릴 때 나의 느낌은

3. 완성된 작품을 감상하면서 돌아보니, 객관적인 나의 모습은

_____

_____

_____


4. 그림을 그리면서 다짐한 앞으로의 마음가짐은

_____

_____

_____


**TIP** 떠올린 단어를 통해 객관적인 나를, 이미지를 통해서는 주관적인 나를 살펴볼 수 있습니다. 단어, 이미지와 관련되는 사건을 겪었던 구체적인 시간과 장소도 적으면 도움이 됩니다.

# 갖고 싶은 것과
# 버리고 싶은 것은
# 어떻게 다를까요?

- 12페이지의 빈 면에 선을 그려 둘로 나눕니다.
- 한 면에는 내가 갖고 싶은 것(감정을 포함해 성격, 상태 등 자유롭게 선택), 다른 면에는 버리고 싶은 것을 표현합니다.
- 각각의 작품에 제목을 붙입니다.

1. 내가 갖고 있는 것들 중 긍정적인 것은

_____

_____

_____


2. 내가 갖고 있는 것들 중 부정적인 것은

_____

_____

_____

3. 긍정적인 항목을 늘리기 위해 필요한 것은

 

 

 

4. 부정적인 항목을 줄이기 위해 필요한 것은

 

 

 

**T I P** 심리치료에서는 제일 먼저 나를 드러내고 받아들이라고 합니다. 이 활동은 내가 가지고 있는 게 무엇인지 솔직하게 확인하는 기회가 될 것입니다.

# 나는 무엇을 가장 원하고
있을까요?

- 꽁꽁 숨겨진 나의 내면을 선으로 옮긴다는 생각으로 편안
하게 낙서합니다.
- 종이가 충분히 채워졌다고 생각이 들면 작품을 마무리합
니다.

1. 내가 그린 작품 속 색깔이 의미하는 바는

2. 선이 각각 의미하는 바는

3. 표현 기법이 의미하는 바는

_____

_____

_____


4. 작품을 바라보았을 때, 지금 내가 가장 원하고 필요로 하는
것은

_____

_____

_____

 자연스러운 그림에 나의 내면이 묻어 있습니다. 아무렇
게나 그린 것 같은 그림이지만, 여러 의미가 숨어 있지
요. 하나씩 분석하다 보면 내가 원하는 바를 찾아갈 수
있을 것입니다.

# 스트레스를 풀어주는
# 해결사여, 나타나라!

- 최근 가장 스트레스를 받았던 상황을 그립니다.
- 그 상황을 해결할 사람을 떠올립니다. 그리고 그림 속에 가
  상으로 묘사합니다.

1. 내가 가장 힘들어하는 상황은

_____

_____

_____

2. 가상의 해결사가 취하는 행동은

_____

_____

_____

3. 해결사가 나타났을 때 나의 감정은

_____

_____

_____


4. 해결사가 현실의 나와 다른 점은

_____

_____

_____


5. 만약 내가 그 해결사가 된다면 그 상황의 결말은

_____

_____

_____


**TIP** 내가 힘들어하는 상황에 공통점이 있진 않은지, 내가 그 해결사가 될 수 있는지 살펴보면 스트레스 상황을 풀어갈 실마리를 찾을 수 있습니다.

# 명화 속 주인공이 되어보면

- 여러 가지 명화 중에서 나의 심정이나 상황과 비슷하게 느껴지는 그림을 떠올려보세요.
- 떠올린 명화를 재구성해서 그림을 그립니다. 이 책에 있는 그림을 선택해도 좋습니다.
- 색깔을 바꾸거나 다른 소재를 덧그리거나 말풍선을 그려넣어 보세요.

1. 작품이 묘사하고 있는 상황은

_____

_____

2. 여러 작품 중에서도 이 작품을 선택한 이유는

_____

_____

3. 하지만 이 명화와 내 상황이 완벽하게 같은 것은 아니다.
나와 다른 점은

 

 

 

4. 그림으로 미루어볼 때 나의 가장 큰 스트레스 원인은

 

 

 

5. 스트레스 상황을 헤쳐나가기 위해 내게 필요한 것은

 

 

 

**TIP** 명화 재구성은 미술치료에서 흔히 하는 작업입니다. 그림을 자신의 느낌대로 재구성하면서 여러분은 지금 나를 괴롭히고 있는 것을 객관적으로 인지할 수 있습니다. 직접 그리기 어렵다면 그림을 출력해서 필요한 부분만 오리거나 그 위에 덧그려도 좋습니다.

# 분노를 구겨보자

- 분노나 불안 등 부정적인 감정을 의미하는 단어를 떠올립니다.
- 떠올린 단어 중 내가 가장 해소하고 싶은 감정을 종이에다 그리고 그 종이를 마음껏 구깁니다.
- 감정을 이미지로 표현할 때, 종이를 구길 때, 다시 구긴 종이를 펼 때 각각의 느낌을 관찰합니다.

1. 분노를 떠올릴 때 내 머릿속에서 가장 먼저 생각나는 단어는

_____

_____

_____


2. 분노를 표현한 이미지와 내 마음 사이에는 꽤 많은 유사성이 있다. 특히 닮은 점은

3. 나는 분노의 이미지가 서서히 변화되기를 희망한다. 변화
의 방향은

_____

_____

_____


4. 분노의 이미지를 표현한 종이를 구길 때 나의 느낌은

_____

_____

_____


5. 구겨진 분노 이미지가 나에게 준 느낌은

_____

_____

_____

6. 구긴 종이를 다시 펼 때 나의 느낌은

_____

_____

_____

**T I P** 나쁜 감정은 제대로 표출하고 해소하는 것이 중요합니다. 이 과정은 나의 부정적인 감정을 긍정적으로 전환하는 데 도움이 됩니다. 과감히 분노를 표현하고 종이를 구길 때, 여러분이 가진 마음속 짐은 한결 가벼워질 것입니다.

# 내 감정은
# 어떻게 나뉘어 있을까요

• 내 감정을 원, 사각형, 오각형 등의 도형으로 묘사합니다.

• 그린 도형을 조각내 내가 지금 느끼는 감정과 생각을 차분

  하게 적습니다.

• 감정에 어울리는 색도 칠합니다.

1. 나의 내면을 가장 많이 차지하는 감정은

_____

_____

_____

2. 이 감정이 가장 큰 이유는

_____

_____

_____

3. 긍정적인 감정과 부정적인 감정 중에서 그 비중이 큰 쪽은

_____

_____

_____

4. 앞으로 바라는 감정별 비율 정도는

_____

_____

_____

5. 이를 위해 나에게 필요한 것은

_____

_____

_____

**TIP** '나도 내 마음을 모른다'고 하지요. 이 작업은 감정이 구체적으로 어떻게 나를 차지하고 있는지 알아보기 위함입니다. 솔직하게 나를 들여다보는 데 집중하세요.

# 내 마음이 화산이라면
# 이렇게 터지겠지?

• 현재 나의 마음 상태를 화산에 비유해서 그려보세요.
• 화산이 폭발한 이후의 장면도 나란히 묘사합니다.

1. 내가 가장 표현하고 표출하고 싶었던 감정은

2. 감정화산을 표출하기 전 나의 감정은

3. 감정화산을 표출할 때 나의 감정은

_____

_____

_____


4. 감정화산을 표출한 후 나의 감정은

_____

_____

_____


5. 실제로 감정을 해소하기 위해 나에게 필요한 것은

_____

_____

_____


**TIP** 화산을 표현하는 이유는 자신의 감정을 표출하는 데 있습니다. 감정이 터지고 가라앉는 과정을 통해 자신의 감정을 스스로 다독일 수 있었다면 좋은 시간을 보낸 셈입니다.

# 과거, 현재, 미래의 나를
# 만나러 갑시다

• 왼쪽부터 과거의 나, 현재의 나, 미래의 나를 그립니다.

• 내 모습 외에 주변 풍경을 넣는 등 떠오르는 모습을 최대한
  자유롭게 그립니다.

1. 그림을 통해 본 현재 내 모습은

_____

_____

_____

2. 현재의 나와 과거의 내 모습이 다른 점은

_____

_____

_____

3. 미래의 나와 현재의 내 모습이 다른 점은

_____

_____


4. 세 가지 모습 중 가장 마음에 드는 모습은

_____

_____


5. 그 이유는

_____

_____


6. 과거와 현재, 미래의 내 모습이 많이 차이가 난다면 통합된
지금의 진정한 나로 살아가기 위해 해야 할 것은

_____

_____


**TIP** 나를 실제의 나와 똑같이 그리려고 하지 않아도 됩니다. 중요한 것은 다른 시점의 내가 어떻게 다른지를 확인하는 데 있습니다.

# 마음의 집짓기를 해보는 것

- 최근에 겪었던 일 중에서 숨기고 싶었던 마음이나 슬펐던 일, 기뻤던 일 등 가장 인상 깊었던 사건을 떠올립니다.
- 당시 나의 감정들과 어울리는 색이나 형태를 선택해서 표현합니다.

1. 그림에 쓰인 색이 나타내는 나의 마음은

_____

_____

_____

2. 그림 속 모양이 나타내는 나의 마음은

_____

_____

_____

3. 내가 미처 몰랐던 나의 마음이나 알고 있었지만 돌보지 못했던 나의 마음은

---

**T I P** 불과 며칠 전의 일이라도 기록해두지 않으면 먼 옛날의 일이 되고 맙니다. 순간의 감정이 쌓여 지금의 나를 만듭니다. 때론 글보다 색, 형태가 더 정확하게 내 마음을 드러냅니다.

# 세상에 맞서는 방패를
# 만들어봅시다

- 위기 상황에서 나를 보호해줄 수 있는 방패를 상상합니다.
- 방패의 장점을 극대화한 방패 이미지를 그립니다.

1. 나의 방패를 얻은 나의 기분은

2. 내가 힘들거나 자존감이 바닥났을 때, 방패가 나를 지켜주는 방식은

3. 나의 장점은

_____

_____

_____


4. 나의 장점이 나를 지켜주는 방식은

_____

_____

_____


**TIP** 세상에서 가장 단단한 방패는 어떤 형태일까요. 내가 지닌 방패는 무엇인가요. 완성된 방패를 자신의 장점과 비교해본다면 여러분만의 장점이 드러날 것입니다.

# 가장 값진 위로는
# 나만이 해줄 수 있습니다

• 살면서 위로가 필요했던 순간들을 떠올립니다.
• 그 순간에 나를 위로하기 위해 줄 선물을 이미지로 표현합
  니다.

1. 지금까지 인생을 달려오면서 내가 바란 것은

_____

_____

_____

2. 이것이 내가 진정 원하는 것이었느냐고 누가 묻는다면

_____

_____

_____

3. 진정 원하는 게 아니라면 진정 원하는 것을 찾거나 이루기 위해

_____

_____

_____

4. 내가 표현한 것들이 나에게 주는 위로는

_____

_____

_____

**TIP** 가끔은 멈춰 서서 이게 내가 원하는 것인지 되물어야 합니다. 구체적인 사물이 아닌 단어나 글이어도 좋습니다. 스스로를 다독이며 위로하는 시간을 가져보세요.

# 죄책감을 덜어내는 법

- 내가 자책하고 있는 부분이 있다면 떠올린 후, 그 감정을 적 습니다.
- 글을 적은 종이를 힘껏 구겨봅시다. 그리고 구겨진 종이를 도화지에 붙입니다.
- 이제 붙인 것들을 용서로 감쌀 차례입니다. 만약 '용서'에 색이 있다면 어떤 색일지 용서를 정의할 수 있는 나만의 색 깔을 생각해보고, 그 색으로 단어를 감싼 후 주변을 꾸며 완 성합니다.

1. 스스로 마음에 품고 있었던 불안감이나 두려움은

2. 나의 마음을 '용서'라는 종이로 감쌀 때 느낌은

_____

_____

_____


3. 나를 용서하기 진과 후를 비교했을 때 다른 점은

_____

_____

_____


**T I P** 남에게는 관대하면서 나의 잘못에는 엄격하지 않은지 살펴보세요. 용서도 마음의 습관입니다. 습관은 갈고 닦을수록 단단해지고, 오래갑니다.

# 집단 속 내 모습은 어떠할까

- 도화지를 반으로 접습니다.
- 한쪽 면에는 집단 속에 있을 때 느껴지는 나의 모습을, 다른 면에는 혼자 있을 때 느껴지는 나의 모습을 그립니다.

1. 각각의 상황에서 나의 가장 다른 점은

_____

_____

_____


2. 나의 모습에서 좋은 부분은

_____

_____

_____

3. 싫은 부분은

_____

_____

_____


4. 변화하고 싶은 부분은

_____

_____

_____


**TIP** 집단 속에 있을 때와 홀로 있을 때의 모습이 같은 사람은 없습니다. 다르다고 실망하진 마세요. 나를 포함하는 그림을 그릴 때는 잘 그리려고 하기보다는 나의 느낌을 표현하는 정도면 충분합니다.

# 세상에서 하나뿐인 선물을
# 선사합시다

- 잡지를 준비하세요.

- 내가 원하는 물건이나 소망하는 모습 등을 잡지 속에서 찾아보세요.

- 마음에 드는 이미지가 없다면 직접 그림으로 표현합니다.

- 도화지에 자신이 갖고 싶은 사물이나 소망하는 모습 등을 채운 후 그 주변도 그림을 그려 꾸며줍니다.

1. 내가 이런 소망이나 물건을 가지고 싶어 하는 이유는

2. 소망을 이룬 후 나의 모습은

_____

_____

_____


3. 소망을 이루기 위해 필요한 부분은

_____

_____

_____


**TIP** 수고한 나에게 이런 선물 하나쯤은 줘야 하지 않을까요? 진정한 위로를 주면서 스스로를 귀하게 여기고 존중하는 마음을 가지는 것이 이 활동의 핵심입니다.

# 행복한 기억 그리기

- 나에게 행복한 기억을 떠올리면서 몇 가지 장면을 정합니다.
- 가장 기억에 남는 장면을 도화지에 자유롭게 표현합니다.
- 그림을 완성한 후 그림을 그리게 된 이유, 상황과 감정 등을 떠올립니다.

1. 이 장면이 가장 기억에 남는 이유는

_____

_____

_____

2. 그 상황에서 특별히 좋았던 점은

_____

_____

_____

3. 그 상황을 떠올렸을 때 나의 감정은

_____

_____

_____


4. 최근에 내가 많이 느끼는 감정은

_____

_____

_____


5. 그림 속 나의 감정이 최근 내 감정과 다르다면, 그 감정을
이끌어낼 수 있는 방법은

_____

_____

_____


**T I P** 대단한 순간을 그려야 한다는 부담을 내려놓으세요. 어쩌면 너무 거창한 행복을 바라고 있었던 것은 아닌지 한번 생각해보세요.

# 명화 위에 덧그리기

- 여러 인물이 묘사된 명화를 감상합니다.
- 감상한 명화 중 내 모습과 닮아 있는 명화를 선택하세요.
- 선택한 명화의 인물상에 자신의 모습을 투사하여 그림을 덧그리거나 변형하는 등 새로운 이미지를 만듭니다. 실제 명화를 출력하여 오려서 사용해도 좋습니다.

1. 내가 이 명화를 선택한 이유는

_____

_____

2. 작품 속 주인공이 하고 있는 생각은

_____

_____

3. 작품 속 주인공의 감정은

_____

_____


4. 이 감정에 대처하기 위해 필요한 것은

_____

_____


5. 현재 나와 그림 속 주인공이 닮은 점은

_____

_____


6. 다른 점은

_____

_____


**TIP** 타인과 어떻게 관계를 맺고 살아가는지에 따라 삶의 질이 결정됩니다. 이 작업은 주변을 돌아보는 계기가 될 것입니다.

# 씨앗이 열매가 되기까지

- 과거부터 현재까지 시간 순으로 나의 생활과 삶을 돌아봅시다.
- 나의 삶을 열매에 비유했을 때 가장 잘 담을 수 있는 열매를 고릅니다.
- 씨앗에서 열매로 맺어지기까지의 과정을 하나의 열매에 표현해보세요.

1. 내가 이 열매를 선택한 이유는

_____

_____

_____

2. 열매를 잘 맺기 위해서 내가 해야 하는 일은

_____

3. 앞으로 더 성숙해지고 싶은 방향은

_____

_____

_____

**TIP** 성숙에 걸리는 시간은 결코 짧지 않지요. 완성된 작품을 보면서 나의 성숙도를 생각하고 칭찬해주세요.

# 아무런 긴장도 불안도 없는
# 그곳으로

- 잠시 눈을 감고 나를 행복하게 하거나 편안하게 하는 곳을 떠올립니다.
- 그중 현재 내게 필요하다고 생각되는 장면을 표현합니다.
- 작품이 완성되면 내가 소망하는 모습이나 공간 등에 대한 이유와 나의 모습을 생각해봅시다.

1. 그림을 그리는 동안 든 기분은

---

---

---

2. 내가 이곳을 그린 이유는

---

---

3. 이곳이 나에게 가장 편한 이유는

---

**TIP** 이미지 표현이 어렵다면 사진이나 잡지 등 기타 이미지를 활용하여 붙여도 좋겠습니다. 힘이 들 때마다 내가 완성한 이미지를 바라보면서 충분한 휴식을 취해보세요.

# 내가 바라는 나의 모습을
그려본다면

- 최근 내게 필요한 마음가짐이나 소망하는 모습 등을 떠올립니다.
- 나의 모습과 어울리는 것, 또는 필요한 것들을 배경으로 그려 넣습니다.
- 내게 필요한 것들을 갖거나 내가 원하는 모습을 이루었을 때 어떤 느낌일지 생각해봅니다.

1. 내가 이런 모습을 원하는 이유는

2. 내가 바라는 대로 내 모습이 변할 수 있다면 나의 느낌은

3. 실제로 소망을 이루기 위해 해야 할 일은

_____

_____

_____

 원하는 것을 말하고 적어놓으면 이룰 수 있는 가능성
이 더 커진다고 하지요. 나의 의지를 믿지 못하겠다면
내가 그린 그림을 믿어보는 것도 방법입니다.

# 가장 편안한 표정을
# 지어봅니다

- 내가 가장 편안하게, 많이 짓고 있는 표정을 떠올립니다.
- 거울 속 내 모습이 웃으려면 어떤 마음가짐이 필요한지 생각해봅시다.

1. 평소에 내가 많이 짓는 표정은

_____

_____

_____

2. 이 표정이 많은 이유는

_____

_____

_____

3. 나의 표정이 더욱 긍정적이고 다양하게 변화하려면 필요한
점은

_____

_____

_____


4. 주변 사람들도 함께 긍정적인 표정을 짓기 위해 나에게 필
요한 것은

_____

_____

_____


**T**
**I**
**P**

긍정적인 얼굴이 긍정적인 마음가짐과 삶을 만듭니다.
머릿속으로 내 표정을 상상하기 어렵다면 직접 거울을
보며 표정을 지어보는 것도 좋겠습니다.

# 10년 후 나를 찾아서

- 10년 후의 내 모습을 상상합니다.
- 어떤 일을 하고 있을지, 어떤 외모를 가지고 있을지, 무엇을 좋아할지 등을 떠올려봅니다.
- 떠올린 나의 모습을 도화지에 옮깁니다.

1. 미래의 내 모습은

2. 내가 상상한 모습을 이루기 위해서 지금 할 수 있는 일은

3. 해야 할 일은

_____

_____

_____

**T I P**   오늘을 거쳐야 내일이 됩니다. 미래에 내가 그린 모습
대로 되기 위해 오늘의 나는 어떤 모습인지 점검해봅
시다.

# 에너지야 솟아라!

- 나의 사진 중 가장 마음에 드는 사진을 골라 그림으로 묘사합니다.
- 나의 모습을 도구를 이용해 적극적으로 꾸밉니다.
- 꾸며진 인물상 주위로 자신의 장점을 적어보면서 좋은 점을 강조합니다.
- 작품을 완성했다면 이제 그 느낌과 나의 마음을 비교해보며 스스로에게 질문하고 답합니다.

1. 내가 표현한 내 모습은

2. 나에게 에너지를 줄 수 있는 색은

_____

_____

_____


3. 주변에 도움을 받을 수 있는 환경은

_____

_____

_____


**T I P**
상처를 딛고 더 나은 나로 튀어 오르려면 에너지가 필요합니다. 삶에 지쳐 있는 나에게 에너지를 줄 수 있는 것이 무엇인지 알고, 그런 환경을 가까이 두고 살아야 합니다.

**노트 01** 대체로 어둡거나 탁한 색상이 사용되
어 부정적 상황이 더욱 강조된 작품입니다. 망
망대해에 떠다니는 작은 배라든지 인물이 종이
의 한쪽 귀퉁이에 표현된 구도는 고립이나 퇴
행 등 위축된 자신을 보여주고 있네요. 하지만
여러 가지 재료를 사용한 것은 자신을 표현하
는 데 다양한 방법을 사용한 것이므로 회복에
대한 의지나 다양한 방법을 수용할 수 있다는
자세를 엿볼 수 있습니다. 가로선이 강조된 것은 안정감에 대한 욕구
가 높은 것으로 이에 대한 해소부터 이루어져야겠습니다.

**노트 02** 작품을 통해 표현한 자신
의 마음은 믿음입니다. 여러 날카
로운 조각들이 서로 붙잡고 있어
아슬아슬하기도 하지만 속을 들여
다보기 어려운 마음을 보여줍니
다. 보색인 노랑과 파랑이 붙어 있
고 조각난 마음을 어떻게 하지 못하는 것 같습니다. 자신이 받아들일
수 있는 모양새를 갖추는 과정입니다. 스스로 그린 작품을 보며 나를
지킬 수 있는 힘을 키우는 동시에, 왜 이런 마음이 드는지 나에게 무엇
이 필요한지를 깨닫고 나아갈 방향을 찾을 수 있습니다. 자신이 변화
할 수 있다는 믿음, 앞으로 나아갈 수 있다는 믿음. 내담자 스스로 제목
을 '믿음'이라고 지으면서 변화의 필요성을 한 번 더 강조했습니다.

**노트 03** 이 작업은 긍정과 부정의 마음을 동시에 표현하면서 부정적인 마음을 긍정적으로 전환하게 합니다. 자신의 강점과 스트레스 받는 부분을 줄이기 위한 방법을 찾을 수 있습니다.

내담자는 책임감과 부담감을 줄이는 것을 쓰레기통에 휴지를 버리는 방식으로 표현하였습니다. 긍정과 부정을 표현한 종이의 면적이 비슷하여 마음의 공간에서도 비슷한 비율을 보일 가능성이 높습니다. 쓰레기통에 다 들어간 휴지조각들이 더 많아진다면 긍정적인 마음으로의 전환이 수월해질 것으로 보입니다.

**노트 04** 선의 형태는 가장 간단하게 내면 상태를 표현할 수 있는 방법입니다. 선의 방향, 굵기, 모양 등에 따라 내면은 각기 다르다 할 수 있습니다. 예민하고 복잡한 일에 대해 표

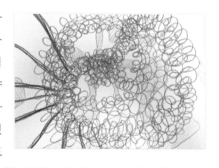

현한 이 사례는 끊어지지 않는 듯한 꼬인 선들이 중앙에 모여 있어 부정적 감정이 중심에 집약되어 있음을 알 수 있습니다. 내담자는 복잡한 마음과 감정기복, 우유부단함 등의 단어들로 자신의 마음을 설명했는데, 작품의 이미지를 적절히 표현한 단어이기도 합니다. 내담자는 그림을 그린 후 상황을 좀 더 단순하게 보고 싶다고 털어놓음으로써 회복에 대한 가능성을 보이고 있습니다.

**노트 05** 스트레스 상황에 대해서는 어둡고 경직된 선, 방향성 없고 갇혀 있는 이미지로 그림을 구성해 상황의 부정적 감정을 극대화했다고 볼 수 있습니다. 해결사를 묘사한 그림의 경우 스트레스 상황에 그려졌던 배경 이미지가 확대되어 자세히 들여다볼 수 있는 이미지로 표현됐습니다. 스트레스 상황이 해결될 때의 안정감을 나타낸 것으로 보입니다. 자신이 스트레스를 받는 상황은 어떤 상황이며 그것을 해결하기 위한 방안을 순위로 매겨 정해보는 것이 도움이 됩니다. 색채로 그 중요도를 표현하거나 화면의 구도에서 변화를 줄 수도 있겠습니다.

**노트 06** 명화 중 특히 인물이 그려진 그림들은 자신이나 타인을 투사하기 수월합니다. 그림 속 인물들의 표정이나 행동에 자신을 투영시켜 감정을 대신 해소하는 것이지요. 수많은 작품들 중 나는 왜 이 그림을 선택했으며 어떻게 표현하고자 했는지를 아는 것이 중요한 포인트입니다.

이 작품은 클림트의 〈키스〉를 통해 이별에 대한 슬픔을 승화시키고 있습니다. 밝은 색감과 다양한 도형들의 구성으로 화려함을 보여주는 것은 슬픔 속에 묻혀 있지 않겠다는 회복에 대한 의지 또는 앞으로의 생활에 대한 의지입니다.

**노트 07** 부정적 감정을 표현한 작품에서 폭죽이 터지는 형태를 통해 감정을 표출하고 있는 것을 알 수 있습니다. 어두운 색깔들과 강렬한

빨간색 선 또한 중앙에서 뻗어나오는 듯한 모습으로 부정적 감정이 터져나오는 구성입니다. 감정을 표현하면서 붓으로 두드리거나 찍는 방법을 이용했고, 이후 종이를 구기면서 감정의 해소를 경험한 뒤 다시 표현한 마음은 안정적인 구도를 보이고 있습니다. 색채는 닮아 있지만 표현 방식은 전혀 다릅니다. 어두운 색채 위의 해와 달처럼 비추는 소재가 등장하면서 회복을 암시하고 있습니다.

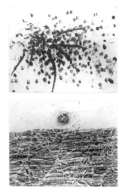

**노트 08** 이 작업은 자신의 마음을 객관화시켜 한 걸음 물러나 바라볼 수 있게 합니다. 각 마음이 차지하고 있는 비중을 보면서 그림을 그린 사람의 마음을 읽어줍니다. 내면에 긍

정과 부정의 다양한 감정들이 존재함을 인식하고, 부정적 감정을 긍정적인 방향으로 바꿀 수 있는 방법을 찾게 합니다.

이 사례의 경우 기대감이 가장 면적이 큽니다. 부정적인 감정들도 있지만 내담자는 이 감정 또한 자신의 기대감을 충족시키기 위한 마음이라고 설명해 긍정으로의 전환 가능성을 충분히 보여주고 있습니다.

감정과 색채는 밀접한 관계가 있으므로 자신의 감정과 연관된 색을 찾고 긍정적인 감정을 표현할 때 자주 사용하는 색채를 주변에 두는 것도 도움이 됩니다.

**노트 09** 감정화산 그림은 부정적인 감정을 매우 적극적으로 표출하는 방식입니다. 부정적 감정들을 떠올리고 그것을 폭발시킨다는 상상

을 하면서 작품을 표현하지
요. 화산이 분출되는 모양은
자신의 감정을 표출하는 방
식과 유사합니다. 용암을 강
하게 분출하는 화산 그림이
있는가 하면, 은근히 흘러내
리는 용암으로 표현된 것도 있습니다. 이때 자신이 실제로 스트레스를
적극적으로 해소할 수 있는 방법을 떠올려보거나, 감정을 표출하기 위
해 필요한 것들을 생각할 수 있습니다. 또한 화산이 폭발한 후 산의 모
습이 어떻게 변할지를 다시 표현하면서 감정을 다독일 수 있습니다.

**노트 10** 과거 - 현재 - 미래
로 표현된 나의 모습이 각각
다른 에너지를 보여주고 있
습니다. 과거의 나는 힘이 없
고 우울해 보입니다. 현재는
밝고 경쾌하며 에너지가 넘
칩니다. 미래에는 다른 사람과 웃고 있는 모습을 통해 달라진 '나'를 보
여주고 있습니다.
시점을 달리해 자신을 돌아보는 작업은 결국 과거-현재-미래의 내가
다르지 않음을 알려주고, 있는 그대로의 나를 수용하게 도와줍니다. 다
만 색채가 조금 부족한 구성이기 때문에 이후 색채를 적극적으로 활용
할 수 있도록 스스로 에너지를 북돋아주는 것이 필요하겠습니다.

**노트 11** 부모님과의 갈등을 표현한 작품으로 '사랑'에는 다양한 감정
들이 섞여 있음을 퍼즐 조각으로 표현했습니다. 강요, 구속, 속박, 아픔,
사랑, 애정, 믿음, 신뢰 등 다양한 마음들이 있고 이러한 마음들이 조각
맞춤을 통해 하나의 사랑이 된다고 생각하고 있음을 엿볼 수 있으나,

아직은 퍼즐이 맞춰지지 않은 혼란스러운 상태입니다.

**노트 12**  색이 화려하고 큰 크기의 방패로,
단단함과 견고함을 가지면서도 다양한 용도
로 쓰임을 표현했습니다. 내담자는 실제 작
품에 대한 설명에서도 '강철처럼 단단해서
내 몸을 지켜줄 수 있다. 몸과 마음 모두를
지켜줄 수 있을 것 같아 든든하다'라고 설명
했습니다.
어려운 상황에서 자신을 지켜줄 존재는 그

존재만으로도 힘이 됩니다. 실제로 그런 존재가 없던 사람은 자신을
지지하는 마음을 얻는 듯한 느낌을 받을 수 있고, 주변에 내가 활용할
수 있는 긍정 자원을 발견할 수 있는 계기가 될 수도 있습니다. 또는 타
인을 위한 방패를 제작하는 것도 도움이 될 수 있습니다.

**노트 13**  아직 스스로를 도울 수 있는 또는
위로할 수 있는 에너지가 부족하여, 하늘에
서 내려오는 빛과 같은 영적인 힘이 필요한
것처럼 보입니다. 빛과 같은 색을 가진 하나
의 형태가 자신을 안아주는 표현을 통해 위
로를 받고 있으며, 땅속 함정에 빠진 듯한 공
간이지만 자신이 성장할 수 있다는 가능성을
머리 위 구멍을 통해 보여주고 있습니다. 작

업에 사용된 물감은 유연한 매체로 심리적, 신체적 긴장감을 이완시키
고 부드러운 촉각을 제공하여 안정감을 줍니다.

**노트 14**  스스로 자신에 대한 용서를 표현하며 만들어진 작품입니다.
마음에 품고 있던 부정적 감정들을 나열하며 내면을 탐색하고, 그러한 감정이 종이를 구기거나 그 위에 채색하는 과정을 통해 다뤄지고 있음을 느낄 수 있습니다.

구겨진 종이들이 휴지조각처럼 버려지는 것이 아니라 어항이라는 한 공간에 다시 재구성되어 새로운 성취감도 느낄 수 있습니다. 어항 속 주변 환경과 조화를 이루는 종잇조각을 통해 수용받는 경험을 할 수 있고, 이는 자기 스스로 무언가를 할 수 있다는 자기 효능감과도 연결될 수 있습니다.

**노트 15** 집단에 속하는 것을 좋아하긴 하지만 인간관계에 미숙한 모습에 대한 자신의 마음을 검정색으로 표현하였습니다. 주변 색은 밝고 퍼져나가는 방사 형태를 띠고 있

지만 혼자 있을 때의 나의 모습은 수평선이 강조되고 있습니다. 또한 서로 반대되는 색을 사용, 그 두 모습의 차이가 크다는 것을 색채로도 표현하고 있습니다.

집단 속에서의 모습과 개인의 모습이 차이가 크지 않도록 조율하는 것이 필요한데 이때는 두 그림 사이의 경계선이 잘 이어지도록 새롭게 표현해보는 것도 좋겠습니다. 극명한 경계를 의도적으로 유연하게 표현하면서 두 모습 사이의 접점을 만들어주어 방향을 찾아나가는 것입니다.

**노트 16** 봄을 상징하는 꽃과 자전거를 타는 인물을 넣어 휴식, 쉼, 기분전환 등의 이미지를 나타내고 있습니다. 상승이나 미래, 성장 등을 뜻하는, 종이의 오른쪽 화

면을 향하는 인물상을 통해 적극적인 활동성이 느껴집니다. 화면 가득 다채로운 색채의 꽃 이미지는 새로움에 대한 기대감을 보여줍니다. 자신에게 필요한 것, 하고 싶은 것들을 표현하면서 대리만족할 수 있고, 실현 가능성을 높이는 계획을 세울 수도 있습니다. 또는 비슷한 환경이나 분위기를 보여주는 사진을 곁에 두는 것도 도움이 됩니다.

**노트 17** 과거의 행복한 기억을 탐색하고 떠올리면 그때의 기분이나 감정을 재경험할 수 있어 긍정적인 에너지를 얻을 수 있습니다. 내담자는 이를 필름 형태로 표현하여 그

때의 감정이 현재에도 재현되고 있음을 알 수 있습니다. 또한 감상자의 태도를 취하고 있어, 현재의 나와는 조금 떨어진 상황을 반영하고 있습니다.

실제로 내담자는 자신이 현재에는 이러한 환경이나 감정을 만들 수 없는 사실에 서글픈 마음을 토로했습니다. 그 말을 옮겨보자면 이렇습니다. "어릴 때의 기억처럼 내가 웃기 위해 자연스러운 나를 보여줄 수 있는 방법이 뭐가 있을지 고민해봐야 할 것 같다. 어릴 때의 나와 현재의

나는 사실 똑같은 사람인데 왜 이렇게 다른 감정을 가지고 있는지 생각해보았다. 지금은 자신감이 떨어지고 걱정이 많다. 몸이 성장한 만큼 마음도 성장할 수 있도록 해야겠다."

자기 자신을 있는 그대로 표현하는 것 또한 마음의 위로가 될 수 있으며 자신의 마음을 알아차려주는 것만으로도 위로를 받을 수 있습니다.

**노트 18** 명화 속 인물에게 자신을 대입시키는 것은 자신의 현재 상태와 감정을 표현할 때 아주 손쉽게 접근할 수 있는 방법입니다.

어린 소녀가 귀를 막은 채 종이 중앙에 서 있고 그 주변으로 많은 화살표가 소녀를 향해 집중되어 있습니다. 화면에 갇힌 듯한 형태를 통해 스트레스나 압박감이 얼마나 큰지 보여주고 있네요. 자신의 상태를 표현한 후 다시 나에게 필요한 상황을 표현하면, 실제로 그 상황에서 벗어나 장면을 이동한 느낌을 받을 수 있어 회복에 도움이 됩니다. 휴식을 취하고 있는 남자의 그림은 넓고 아름다운 광경 속에서 낮잠을 자는 사람의 모습으로 편안함을 느낄 수 있습니다. 하지만 무채색으로만 표현되어 아직은 다소 에너지가 떨어져 있음을 보여줍니다.

**노트 19** 씨앗은 새로운 시작이나 출발, 성장 등을 상징할 수 있고 열매는 완결, 성취 등의 상징으로 연결할 수 있습니다. 식물이나 과일이 자랄 때 필요한 필수 요소

들이 있듯이, 자신의 성장을 위해 필요한 것들을 연결시켜 떠올려보세

요. 식물의 성장 과정에서 어느 것 하나만 많다고 해서 잘 자랄 수 없는 것처럼 자신에게 필요한 여러 가지를 잘 취합하는 방법을 내가 그린 그림이 알려줄 수 있습니다.

꽃이나 열매의 종류에서 자신에게 상징적인 의미는 없는지 살펴볼 수 있으며, 그 식물의 특성이 자신을 반영하는 특징이라고 볼 수 있습니다.

**노트 20** 사람의 뇌는 상상과 현실을 구분하기 어려우므로 자신이 편안하다고 느끼는 공간을 상상하는 것으로도 어느 정도 위로감과 편안함을 가질 수 있습니다. 자신이 편안하다고 느

끼는 공간을 시각적으로 확인할 수 있는 작업을 통해 좀 더 적극적으로 안정감을 얻을 수 있지요.

자신이 좋아하는 것들을 모아놓고 커피 여과지 등 좋아하는 것과 연관된 재료를 사용함으로써 자극이 극대화될 수 있습니다. 구도도 안정적이고 색채 또한 파스텔톤으로 부드러운 공간을 연출하고 있어 다른 사람이 봐도 편안함이 느껴지는 작품입니다.

**노트 21** 자신이 바라는 모습에서 누군가 자신을 위로해주는 모습을 표현했습니다. 어두운 색조가 가득한 자신의 모습을 통해 우울한 감정을 드러내고 있습니다. 그와 대조되는 노란색의 팔은 사람의 형태를 감싸주는 포즈를 취하고 있어 자

신에게 위로와 보호가 필요하다는 것을 보여줍니다.

내담자는 이 그림에 대해 이렇게 말했습니다. "나를 따뜻하게 감싸주는 팔은 나 스스로일 수도 있고 또는 나를 위로해줄 수 있는 무언가일 것 같다. 만약 이런 상황이 실제로 벌어진다면 펑펑 울지 않을까. 막상 그림을 그리고 보니 내가 참 작고 나약해졌다는 생각이 들었다. 하지만 노란색 팔이 나를 감싸주니 포근하고 보호받는다는 느낌이 들어서 좋았다."

이처럼 스스로 자신의 상황을 설명하면서 필요한 바를 찾아내고 위로받는 과정을 통해 상처를 회복할 수 있는 힘을 가질 수 있습니다.

**노트 22** 철창과 같은 형태에 갇힌 폐쇄적인 구조와 수직구도가 강조된 검정색 선들이 주변의 스트레스와 압박감을 보여주고 있습니다. 표현된 얼굴 표정들은 모두 경직되거나 화가 난 형태의 이미지들로 부정적 감정들이 대부분입니다. 억지로 웃고 있는 모습을 표현하기는 어렵습니다. 따라서 작업을 할 때 부정적인 이미지만 눈에 띈다면 긍정적인 표정들만 모아보고, 어떤 상황일 때 이런 표정을 짓고 있을지를 상상해서 표현해보면 도움이 되겠습니다.

**노트 23** 자신이 이루지 못했던 어릴 적 꿈을 표현하고 있습니다. 다른 직업을 가진 현재에도 다시 취미생활로 좋아하는 활동을 하면서 느끼는 즐거운 마음을 다채로운 색채로 나타냈습니다.

짙고 선명한 색채는 현재 진행형인 취미 생활을 대변하며, 주변의 파스텔 톤의 물감은 부드러운 질감을 제공해서 안정감을 느끼게 합니다. 세로로 세워진 종이 방향을 통해서도 성장, 성취를 보여주고 있어 한결같은 내용을 표현한 작품이라 할 수 있습니다.

**노트 24** 워킹맘의 고충을 표현한 작품입니다. 내담자는 현재까지는 생활이나 감정을 조절할 수 있는 단계이지만, 스스로에게 힘을 주기 위해 강한 색들을 사용했다고 설명했습니다. 물감을 뿌리는 방식으로 그림을 그리면 통제되지 않고 의도하지 않은 형태들이 나타나 거기에서 새로운 면모를 발견할 수 있고, 자기도 모르게 억눌린 감정을 해소할 수 있습니다. 각 색채마다 자신에게 필요한 에너지의 이름을 붙이면서 좀 더 적극성을 가질 수 있습니다.